SV

Uwe Johnson:
»Entwöhnung von einem Arbeitsplatz«

Klausuren und frühe Prosatexte

Mit einem
philologisch-biographischen Essay
herausgegeben
von Bernd Neumann

Suhrkamp

Schriften
des Uwe Johnson-Archivs
Band 3

Erste Auflage 1992

Druck: Wagner GmbH, Nördlingen

Printed in Germany

Inhalt

Bernd Neumann
Editorische Vorbemerkung

Nachstehend werden die literaturwissenschaftlichen Arbeiten (zur Hauptsache Klausuren) und Prosaskizzen veröffentlicht, die Uwe Johnson zwischen dem Sommer 1952 und dem Sommer 1959, also zwischen Güstrow, Leipzig und dann schon Westberlin, erst als Student und später als in der DDR arbeitsloser Intellektueller geschrieben hat. Weitere frühe Texte, lyrische und andere, die noch der Schüler verfaßt hat, sie sind hier ebensowenig aufgenommen wie spätere Textvariationen aus der Feder des nach 1959 etablierten Schriftstellers. Beides kann in einer späteren Ausgabe der Gesammelten Werke seinen Platz finden. Zwischen 1956 und 1958 hat Uwe Johnson auch eine Reihe von Gutachten für verschiedene Verlage der DDR verfaßt. Sie konnten aus Gründen des Umfangs nicht in den hier vorgelegten Dritten Band der Schriften des Uwe Johnson-Archivs aufgenommen werden und erscheinen als Band 4 der gleichen Reihe unter dem Titel *Wo ist der Erzähler auffindbar?*

Hier ist die Beschränkung vor allem auf den Studenten Uwe Johnson vorgenommen, der von 1952 bis 1956 in Rostock und Leipzig für die Fächer Germanistik und, als Gasthörer, englischsprachige Literatur eingeschrieben war. Johnsons Neigung galt neben der deutschen der englischen Literatur. Gut illustriert wird diese Neigung durch das nachstehend abgedruckte Referat Johnsons zum Zeitgenossen Shakespeares Thomas Otway, das seinerzeit zur »Entdeckung« des Studenten durch den Professor Hans Mayer führte. Nicht zufällig war ja auch die später gestrichene Figur des »Zeugen« Erichson im Manuskript der *Ingrid Babendererde* ein Anglistikstudent, der in den Semesterferien aus der Hauptstadt der »Demokratischen Republik« (so des Studenten Kürzel für die DDR) nach Wendisch Burg reiste. Erichson steht im Schwedischen für »Sohn des Erich«. Johnsons Vater Erich wiederum ist noch der Sohn des Schweden August Nikolaus Mård (geb. 1844) aus Ljuder gewesen, gelegen in der wald- und seenreichen mittelschwedischen Landschaft Småland, einem schwedischen Mecklenburg sozusagen. Nikolaus August Mård verkörperte um 1867 einen jener Auswanderer aus Småland, die Vilhelm Moberg in seinem dokumentarischen Småland-Roman *Utvandrarna* (1949 ff.) geschildert hat. Die Honoratioren, die bei Moberg beschrieben sind, Lehrer und Pfarrer und Arzt, sie muß Uwe Johnsons Vorfahr gekannt haben. Nikolaus August ging nach Mecklenburg zunächst nur, um das Geld zu verdienen für seine Australien-Passage, die er vermutlich von Hamburg aus antreten wollte. Dazu kam es nie. Nikolaus August verblieb in Mecklenburg, heiratete dort, wurde seßhaft. Hier nannte man die Mårds, so hatte ein Schwede zu heißen und das konnte man leichter aussprechen: »Johnson«. Der neue Name wurde 1897 amtlich, zusammen mit der deutschen Staatsbürgerschaft für die Kinder des Schweden. Derart kam die Familie des Uwe Johnson, er würde dann in Rostock auch einen Universitätskurs in Schwedisch belegen und mehrfach nach Schweden segeln, unter die Deutschen. Mecklenburgische Langsamkeit und Eigensinnigkeit, die »Verspätung der mecklenburgischen Seele«, wie Uwe Johnson das nennen würde, stand auf diese Weise bereits bei der Namensgebung Pate.

Der junge Student Johnson also kommt ins Bild, der 18- bis 25jährige, der im Sommer 1952, am 25.6., sein Abitur am Güstrower John Brinckman-Gymnasium »gut bestanden« hatte (Deutsch und Latein freilich »Sehr Gut«) und der im Herbst 1956 in Leipzig bei Hans Mayer sein Germanistik-Studium mit Diplom abschloß und am 16.8.1956 exmatrikuliert wurde, ebenfalls mit der Gesamtnote »Gut«. Die nachstehend veröffentlichten Texte sind noch durchgehend in der DDR geschriebene. Freilich: die hier abgedruckte frühe Fassung der *Jonas zum Beispiel*-Parabel, bereits 1957 aufgeschrieben, verweist schon auf den 1959 erfolgenden Wohnsitzwechsel. »Entwöhnung von einem Arbeitsplatz« war hierin bereits angelegt. Einer, der Germanistik studiert hatte mit dem zumindest offiziell verwendeten Berufswunsch Lektor (geschrieben aber hatte schon der 17jährige, und das aus Passion wie sonst nur irgendein junger Poet!), er vermochte nach 1956 nur als »freier« Mitarbeiter verschiedenster Verlage kümmerlich zu überleben. So begann hier einer zu schreiben – und dennoch bedeutet es eine Verkürzung, Uwe Johnsons eigene pointierte Aussage in *Begleitumstände*: die ihn isolierende Repressionspraxis der DDR habe ihn zum Schriftsteller gemacht, wörtlich zu nehmen. Der lange Blonde hatte schon seit 1950 geschrieben; und hatte die *Babendererde* 1956/1957, noch vor seinen entscheidenden Repressionserfahrungen, nicht nur abgeschlossen, sondern nachdrücklich auch veröffentlichen wollen.

Uwe Johnson ist – darin sind sich manche einig, die ansonsten sehr selbständig und also verschieden denken, etwa Manfred Bierwisch, Günter Grass und Hans Mayer – der bedeutendste Romancier, den die DDR hervorgebracht und den sie dann, ganz konsequent, verstoßen hat. Der damals entstehende »real existierende Sozialismus«, der in Schule und Studium nach ideologischer Gefolgschaft verlangte, er hat dem selbständig Denkenden nach dem Examen kaum die Luft zum Atmen gelassen und so bewirkt, daß Johnson schließlich, am 10. Juli 1959, das gute Land Mecklenburg ebenso widerstrebend verließ, wie es dann, in seiner Literatur, der Schriftsteller Joachim de Catt tun wird (der Hannah Arendts Lebensdaten zugeschrieben erhält). Der ideologisch Abweichende als der Jude des stalinistisch geprägten Sozialismus auf deutschem Boden.

Daß wir andererseits überhaupt ein Werk aus Uwe Johnsons Feder besitzen, zudem noch eines, dessen enormes literarisches Gewicht die »Neue deutsche Weltliteratur« der Nachkriegszeit mit begründet hat – das Erscheinen der *Mutmassungen* 1959 markiert, zusammen mit der *Blechtrommel* und möglicherweise auch *Billard um halbzehn*, deren Beginn –, verdankt sich einer Tatsache, die Uwe Johnson selbst zitiert: daß »hier einer mit seinen Verlegern Glück gehabt hat«. Dies wurde mit Blick auf Siegfried Unseld (und Helen Wolff) in den *Begleitumständen* geschrieben. Daß andererseits der Aufbau-Verlag, im Herbst 1989, einen Band mit Johnson-Prosa publizierte; daß im *Sonntag* in den frühen sechziger Jahren behauptet wurde, dieser Verlag hätte, einige unwesentliche Änderungen vorausgesetzt, die *Mutmassungen* drucken mögen – dies ändert nichts daran, daß im Lektorat des führenden schöngeistigen Verlags der einstmalen »Demokratischen Republik« vom Cheflektor Max Schroeder im Juli 1956 ein Gutachten verfaßt wurde, das den Autor der *Babendererde* ganz beiläufig zur »Gehirnwäsche« empfahl. Max Schroeder lag damals bereits schwerkrank in der Lungenheilanstalt und schrieb das Gutachten zunächst mit der Hand. Der Mann war ein studierter Kunstgeschichtler und in Paris und den USA im Exil gewesen. Seine letzten Jahre waren gezeichnet von der Bitterkeit des enttäuschten Kommunisten, der seine Erfahrungen mit der Intransigenz der Macht gesammelt und sich ihr am Ende durch die erleichternde »Identifikation mit dem Aggressor« unterworfen hatte. Schroeder fällte manche schroffen Urteile; doch sein brutalstes galt, ausgerechnet, Uwe Johnsons empfindsamem Erstling *Ingrid Babendererde*. Diese Skripte verfolgte der Lektor so brachial, wie in Johnsons Text der Mann des Staatssicherheitsdienstes der schönen, naiven, noch morgendlich verschlafenen Ingrid nachgeht. Die Lektoren Schroeder und Caspar haben den langen Blonden sein Manuskript noch umarbeiten lassen, als die endgültige Ablehnung bereits feststand, das Gutachten bereits geschrieben war. Es sind erschreckende Zeilen, mit denen dieses Gutachten abschloß, Zeilen zudem, die gar nicht zuerst an einen Verlag gerichtet zu sein scheinen: »Eine Geschichte, die um die ›Junge Gemeinde‹ spielt in einem mecklenburgischen Nest an der Oberschule, offenbar 1952, was aber auch im Dunklen bleibt. Positiv die Bemühung, sprachlich sauber zu schreiben, einen einheitlichen Stil zu finden. Die Bemühung bleibt aber völlig im allgemeinen stecken, der Inhalt wird in den ›Stil‹ wie in eine Konservendose verpackt. Der Inhalt ist dünn und leider auch verlogen. Autor vermag weder die rebellierenden Jungen und Mädchen noch die sturen Parteifunktionäre in ihren Motiven zu erfassen. Die Geschichte läppert so dahin, verkrampft in Avantgardismus à la Weyrauch, steril und durch ihre Sterilität arrogant wirkend. Typischer Fall von ›Westkrankheit‹, als solcher interessant. Autor braucht eine Gehirnwäsche. Als Talentprobe nicht von besonderem Belang.« Das ist, in brutaler Knappheit, die Sprache des Totalitarismus. Einige Monate später würde der Staatssicherheitsdienst den Verlag besetzen und dessen Leiter

1562

"Ingrid" Max Schroeder

Uwe Johnson

Gutachten

Eine Geschichte, die um die "Junge Gemeinde" spielt in einem mecklenburgischen Nest an der Oberschule, offenbar 1952, was aber auch im Dunklen bleibt.

Positiv die Bemühung, sprachlich sauber zu schreiben, einen einheitlichen Stil zu finden. Die Bemühung bleibt aber völlig im allgemeinen stecken, der Inhalt wird in den "Stil" wie in eine Konservendose verpackt.

Der Inhalt ist dünn und leider auch verlogen. Autor vermag weder die rebellierenden Jungen und Mädchen noch die sturen Parteifunktionäre in ihren Motiven zu erfassen. Die Geschichte läppert so dahin, verkrampft in Avantgardismus à la Weyrauch, steril und durch ihre Sterilität arrogant wirkend.

Typischer Fall von "Westkrankheit", als solcher interessant. Autor braucht eine Gehirnwäsche. Als Talentprobe nicht von besonderem Belang.

18.7.1956 gez. Schroeder

Gutachten von Max Schroeder, Aufbau-Verlag, über Uwe Johnsons *Ingrid Barbendererde*

Walter Janka verhaften. Auf diese Weise berührt sich die Geschichte der Übernahme des Aufbau-Verlags durch Ulbrichts Staatssicherheit mit Uwe Johnsons Biographie. Beim Gedanken an die Aktionen des Staatssicherheitsdienstes im kalten Herbst 1956 war Uwe Johnson schon immer »kalt im Rücken« gewesen, eben weil er seine *Babendererde*-Skripte in verschiedenen Verlagen liegen wußte. Hier war einer wirklich in Gefahr; und es ist zu begrüßen, daß der heutige Aufbau-Verlag an der Aufhellung dieses Teils seiner Geschichte mitzuarbeiten bereit ist.

Es ist nicht beweisbar, daß Johnson von der Existenz dieses Gutachtens wußte; hat er es gewußt, so hat es ihm den Abschied vom guten Lande Mecklenburg sicher nicht weniger schmerzhaft, aber doch leichter gemacht. Sein *Nachruf zu Lebzeiten* macht für mich deutlich, daß Johnson die Existenz des Gutachtens zumindest ahnte: im *Nachruf* nämlich malt er ausführlich aus, wie man ihn womöglich hätte »umdrehen« können. Ohne die Kenntnis des ganzen Schroederschen Gutachtens müßte jede Interpretation des *Nachrufs zu Lebzeiten* verkürzt ausfallen.

Neben Schroeders Zeilen, die im Verlag auch maschinenschriftlich vorlagen, existierte weiterhin ein Gutachten aus der Feder des Schriftstellers Herbert Nachbar. Der Nachbar aus Mecklenburg hatte sehr positiv gegutachtet, freilich auch im Bewußtsein, daß dieses Buch in diesem Verlag zu dieser Zeit wohl nicht durchsetzbar war. Bei ihm lesen wir u. a.: »Von allen eingesandten Manuskripten, die ich in den letzten Jahren gelesen habe, ist dieses mit Abstand das beste. Zwar ist es nicht ganz druckreif, der Verlag wird noch einige Arbeit mit dem Autor haben, aber ich glaube, daß diese Arbeit sich lohnen würde ... Der Autor hat Mut und außerdem die Fähigkeit, seinen Figuren selbst bei diesem schwierigen Thema so viel Leben zu geben, daß der Leser mit ihnen denken und fühlen kann. Sie leben.« Herbert Nachbar hat recht gehabt; die Figuren leben noch heute.

Die eine Geschichte zieht die andere nach sich, und diese andere lautet wie folgt: ganz kurz vor der Wende gelangte Uwe Johnson in die Schaufenster des Teils von Berlin, der damals noch die Haupt-

stadt der DDR darstellte. Der doppelte Dichter schmückte wie gesagt den Umschlag des im Aufbau-Verlag erschienenen Bandes *Uwe Johnson. Eine Reise wegwohin und andere kurze Prosa*. Der Band enthielt übrigens auch den *Nachruf zu Lebzeiten* und war ein Versuch, dem Fernweh der immer noch von Mauern eingekreisten Lesern Diät zu verabreichen (ein Polemiker würde formulieren: Gift einzuträufeln). Er war abgestimmt auf das Nischen-Bewußtsein vieler DDR-Bürger und ihre spezifisch deutsche Angst vor der Modernität. In diesem Band war man am Anfang noch beschwingt im Faltboot auf Mecklenburgs Wassern unterwegs und suchte, in und um Jerichow herum, »Osterwasser«, wobei die Rote Armee deutsche Vergewaltiger abtransportierte. Das Ende gab sich dann so schrecklich, wie der Beginn idyllisch gehalten war: nämlich Joachim de Catt betrat die Szene. Der DDR-Leser sollte Zeuge werden, wie sich im Neuen Babylon New York ein mecklenburgischer Schriftsteller, die Ehe ist kaputt und das Talent ebenso, nur noch zum Übersetzer taugt der Arme, in kapitalistischer Entfremdung zu Tode lebte.
Im Sommer 1988 noch hatte der Herausgeber des besagten Johnson-Bandes mich in die Unterlagen des Aufbau-Verlags sehen lassen. Das geschah unter geradezu konspirativen Umständen: in einem mecklenburgischen Weizenfeld seitlich einer Landstraße zwischen Rostock und Güstrow. Die Szene war so imposant konspirativ und des Herausgebers Bitte um Verschwiegenheit so einleuchtend, daß ich darüber weder schrieb noch sprach. Im Weizenfeld waren alle Gutachten so vollständig, wie in des Herausgebers Vorankündigungen das Editions-Vorhaben sich kritisch gegeben hatte. Mit Erstaunen las ich dann in den *Weimarer Beiträgen* vom Herbst 1990. Da gab es die DDR schon gar nicht mehr; aber immer noch die Geschichte von »Uwe Johnson bei Aufbau«, über die man berichten konnte. Der Herausgeber erzählte sie, als ob es sich bei Johnsons Beziehung zu Max Schroeder um eine lehrreiche, gar kollegiale Arbeitsgemeinschaft gehandelt habe. »Johnson war einverstanden, mit den Metamorphosen dieses Typoskripts eine Lehrzeit durchgemacht zu haben.« Was die traute Stimmung hätte stören

können, eben die Aufforderung zur Gehirnwäsche, das ließ dieser Herausgeber einfach fort. Was wiederum philologisch ordentlich abgewickelt wurde, mit drei Punkten und durch Einklammerung ausgewiesen, denn es handelte sich ja um eine deutsche Kulturzeitschrift.

Uwe Johnson verkörpert natürlich noch ganz anderes als nur den bedeutendsten Romancier der nun nicht mehr existierenden Deutschen Demokratischen Republik. Er stellt, mit *Jahrestage* und da in der Nachfolge von James Joyce und Alfred Döblin, einen epochalen Erneuerer des Großstadtepos dar, und er hat, mit den *Mutmassungen*, den authentischsten und besten »nicht-aristotelischen« Roman in deutscher Sprache geschrieben: eine literarische Jahrhundert-Figur. Allein schon sein literarisches Gewicht rechtfertigt die Veröffentlichung von literaturwissenschaftlichen Klausuren, Verlagsgutachten und nachgelassenen Prosaskizzen; hinzu kommt, daß nun zum ersten Mal nicht nur Johnsons Einschätzung von Autoren wie Brecht, Kafka, Hebbel und Zweig, sondern auch Züge seiner schriftstellerischen Entwicklung in einzelnen Momentaufnahmen dokumentiert werden können – ein Glücksfall bei einem Autor, der seine Texte buchstäblich aus dem Kopf in die Maschine schrieb und also – mit der einzigen Ausnahme der *Babendererde* – keine Werkgeschichte in Form verschiedener Manuskripte hinterlassen konnte.

Ein Teil der Prosaskizzen fand sich in Uwe Johnsons Nachlaß in seinem Haus in Sheerness, und weitere frühe Texte sind dem Entgegenkommen von Frau Luise Hoppenrath zu danken, der Witwe von Uwe Johnsons Musik- und Deutschlehrer aus Güstrower Tagen Kurt Hoppenrath. Ihr sei hier gedankt; und ebenso gedankt sei Stephan Hermlin, dem ich entscheidende Hilfe beim Auffinden der Klausuren zuschreibe. Uwe Johnson selbst hat Stephan Hermlin, diesen Wanderer zwischen den damaligen literarischen und politischen Welthälften, durchaus geschätzt. Das beruhte auf Gegenseitigkeit, und Hermlin hat, Johnsons Einreise in die DDR in verschiedenen Fällen zu ermöglichen, die für ihn typische Vermittlungstätigkeit geleistet. Was uns Uwe Johnson im letzten Band der *Jahres-*

tage als Hommage an Stephan Hermlin aufgeschrieben hat, das liest sich wie Lebensgeschichte, geht aber auf gar kein biographiches Ereignis zurück. Dort steht (S. 1728) das folgende:

> Diesen Lockenvitz konnten wir nun befragen nach der Zusammenkunft mit dem Dichter Hermlin an der Landsberger Allee. Lockenvitz hatte sich gedrückt um eine Lüge: in einer Straßenbahn nach Grünau verirrt bis nach Schmöckwitz, dort eingeladen, in ein Haus zu Gesprächen über Kunst in Mecklenburg, den Bildhauer Barlach; Tee und Rotwein. Lockenvitz lieh sich ein Paar Schuhe von Pius, seine eigenen warteten schon seit vier Wochen auf eine Reparatur; unbefangen sagte er uns, was er dachte: Unsere sozialistischen Errungenschaften, sie setzen immer einen voraus, dem man sie abgenommen hat, der steht nun gekränkt in der Ecke. Wo sind unsere amerikanischen Schuhbesohlanstalten geblieben?

Dem Schüler Johnson, der sich hier als Lockenvitz portraitiert, sind Tee und Rotwein gar nicht präsentiert worden. Doch der Dichter Hermlin hat sich stets, und zwar weil er dessen literarische Bedeutung erkannte, für den Dichter Johnson eingesetzt. Als Johnson die DDR verließ und ihm Hermann Kant noch nachschrieb, er sei nun als »Jüngling im Eiskasten« zu betrachten (Kant muß beim Finden dieser Metapher zu intensiv an die Sommerhitze der Villa Massimo gedacht haben, und so ist dies Bild auf seine Weise als ein Sieg der Phantasie zu sehen), da hatte Stephan Hermlin immerhin erkannt, daß es kein »König für drei Tage« war, der hier sein Land verlassen hatte. Später konnte Hermlin einmal mit Johnson zusammen die S-Bahn in Richtung Friedrichstraße benutzen und diese Fahrt als eine Art gesamtdeutscher Sternstunde empfinden. Beiden war eine besondere Art von Patriotismus zu eigen; beide wußten, was es bedeutet, fern von dem Land zu leben, in dem man groß geworden war; beide repräsentierten eine systemübergreifende Geistessphäre, eine Literatur, die auf Langzeitwirkung abgestellt war.

Hermlin hat für die toten Kollegen das seine getan, als er den

Herausgeber dieser Texte und Biographen Johnsons zwar auch nicht zu Rotwein, aber doch zu Tee in seinem verwunschenen Haus in der Kurt-Fischer-Straße in der so gar nicht privilegierten Wohngegend empfing. Er stellte dann die Weichen so, wie es natürlich seinerzeit nur einer vermochte, der Erich Honecker nahe stand durch gemeinsame Zuchthaustage in Hitlers Deutschland. Hier hatte einer Einfluß im alten, mehr »zentralistischen« als »demokratischen« System der DDR, gewiß – doch er nutzte diesen Einfluß im Interesse eines »Republikflüchtlings«. Stephan Hermlin erkundigte sich nach den Reisezielen und Reisezeiten dessen, den er aus Norwegen (Hermlin hatte in Trondheim gelesen) ein wenig kannte. Griff, in Gegenwart von Besucher und Ehefrau, man bewunderte ihn ob so viel Machtfülle, zum Telefon und bestellte beim Schriftstellerverband der »Demokratischen Republik« allzeit offene Türen für den »Kollegen aus Norwegen«. Auch Stephan Hermlin hielt seinen Staat nicht für einen, in dem ausschließlich die Literatur herrschte; er bat, ihm eventuelle Einwendungen dann ganz anderer Organe bis zum kommenden Vormittag zu melden. Es müssen sich keine ergeben haben. Denn am nächsten Vormittag reiste der Gast aus Skandinavien, mit bundesdeutschem Paß, in die »Republik« ein, und zwar als ein Privilegierter. Die Grenzorgane legten ihm Argumente für die Unverzichtbarkeit des mitgeführten Kassettenrekorders zu Arbeitszwecken geradezu in den Mund; sie hielten für ihn die Anrede »Professor« bereit, wiewohl die Reisepapiere den Besucher lediglich als Doktor auswiesen. In Güstrow und Leipzig dauerte es dann einige Tage, bis sich das Wohlwollen der Zentrale bis in die Provinz ausgebreitet hatte. Doch dann entstand Zusammenarbeitswilligkeit da, wo vorher sogar die Bereitschaft, Briefe zu beantworten, gefehlt hatte. Mir wurde im Archiv der Universität Leipzig die Studienakte mitsamt den Klausuren des einstigen Absolventen Johnson zugänglich gemacht, zusätzlich der darin enthaltenen Kurzbeurteilung des Studenten durch offenbar einen Staatssicherheitsdienst-Beauftragten. Dessen Text lesend, meinte man im Deutschland der Demagogenverfolgung zu weilen, im Polizeideutsch des 18. Jahrhunderts ging hier von »dem Johnson« die sicherheitsamtliche Rede, der politisch in Leipzig nicht auffällig geworden sei. Dem Archiv sei gedankt; es hat später die angeforderten Texte kopiert und nach Trondheim gesandt. Und gedankt für seine Hilfe beim Entziffern der Handschrift sei auch Rainer »Benjamin« Hoppe.

Damit lagen zum ersten Mal zugänglich die gesammelten literaturwissenschaftlichen Arbeiten des Studenten Uwe Johnson vor. Sie behandeln Brecht, Feuchtwanger, Hebbel, Jean Paul, Kafka, Thomas Otway und – ein erfordertes Nebenprodukt – auch Fragen zur Rolle des Staates beim Übergang vom Kapitalismus zum Sozialismus. Zudem kam eine Paraphrase des *Babendererde*-Romans ans Licht, die Johnson anstelle einer geforderten Klausur über den IV. Deutschen Schriftstellerkongreß geschrieben und eingereicht hatte. Damit liegen, mit der einzigen Ausnahme der Examensarbeit über Barlachs *Gestohlenen Mond*, die Universitätsarbeiten Johnsons gesammelt vor.

Hinzu kam dann noch eine Anzahl früher Prosaskizzen – sie zeigen unseren Mann auf der Höhe seines germanistischen Fachkönnens, dennoch bereits befaßt mit der »Entwöhnung von einem Arbeitsplatz«, im Übergang also zur Tätigkeit des Schriftstellers, die ihm Lebenspraxis sein würde und die überall durch seine Brotarbeiten geradezu gebieterisch hindurchschimmert. Daß und wie hier einer auf dem Wege zu sich selber fortschritt, das herauszupräparieren wird Sache des Nachworts sein. Es ist übrigens als längerer Text und eher als Essay ausgefallen, weil es versuchen muß, den literaturwissenschaftlichen und lebensgeschichtlichen Horizont des Leipziger Studenten zu erhellen. Also einen Horizont, vor dem Klausur-Texte entstanden, die sich ihrerseits durch durchgehende Abbreviaturen und Anspielungen auszeichnen: ein Klausur-Spiel mit dem Lehrer Hans Mayer. Dessen Rahmenbedingungen muß kennen, wer die Klausuren in ihrer Besonderheit und Qualität einschätzen will.

Die Prosa-Skizzen zeigen zunächst einmal einen Johnson, der, ergänzend zur *Babendererde* und auch schon zu *Mutmassungen*, Mangelwirtschaft und Wahlen, aber auch Schulalltag in der damaligen DDR beschreibt, neben dem Fußballspiel von Jungen auf den Wiesen Güstrows. Der *Zwirn*-Text ist dabei als Übung im Perspektiv-Stil bereits der *Mutmassungen* aufzufassen, und mit *Beschreibung Gabrieles* (der Titel stammt vom Herausgeber) liegt hier der früheste überhaupt bekannte dichterische Text Uwe Johnsons aus dem Jahr 1952 vor, der ihn aber schon als einen zeigt, der die »Beschreibung einer – photographischen – Beschreibung« leistet. Bereits hier also findet sich eine Erzählstruktur, die vorausweist auf das *Dritte Buch über Achim* und auf den ersten publizierten Roman *Mutmassungen über Jakob*. In diesem Verstand dokumentiert die vorliegende Zusammenstellung auch die schriftstellerische Entwicklung des jungen Johnson. Wie sich der Junge mit den Werken der Älteren auseinandersetzt; wie er, einfallsreich, zuweilen vertrotzt, immer von beeindruckender Originalität, sein Klausur-Spiel mit dem verehrten Lehrer Hans Mayer spielt; wie er schließlich von der Schul-Prosa des *Gabriele*-Textes zum perspektivischen Erzählen vorstößt – das ergibt das Portrait des Künstlers als eines jungen Mannes. Weitere, und eingehendere Anmerkungen und Erläuterungen enthält das Nachwort, das die Texte in der Reihenfolge ihres Abdrucks (die zur Hauptsache wiederum die ihrer Entstehung ist) philologisch-biographisch kommentiert. Der Druck folgt Johnsons Schreibweise mit ganz wenigen Abweichungen; die wenigen notwendigen Ergänzungen stehen in eckigen Klammern. Er gibt auch evtl. Randanmerkungen, so sie von Johnsons Hand stammen, wieder. Uwe Johnsons Kommasetzung ist ebenfalls beibehalten; was bedeutet, daß die Menge der Kommata progressiv abnimmt und daß sie von Bestandteilen der Grammatik zu Trägern individuellen Ausdruckswillens geraten: ein Stil bildet sich heraus, wie er unverwechselbarer von keinem anderen Autor in der deutschsprachigen Literatur nach 1945 geschrieben wurde. Wie schrieb unser Mann in *Begleitumstände*? »Das Schreiben hinwiederum, wie anders kann Einer es erlernen denn in eigener Person? Nur für sich kann einer den jeweils vorläufigen Verhandlungsfrieden finden zwischen der vorgefundenen Sprache und seinen Ansprüchen an ihre Ausdrucksmöglichkeiten; was manchmal in dem Terminus Personalstil begriffen wird.« Die Herausbildung solchen Personalstils wird ablesbar an der hier vorgelegten Zusammenstellung, stilistisch wie auch inhaltlich-thematisch.

Uwe Johnson

I. Literaturwissenschaftliche Arbeiten

1952-1959

Arnold Zweig:
»Der große Krieg der weißen Männer«, ein Romanzyklus

Der Titel des ganzen Zyklus ist in seiner leisen Ironie bezeichnend. Diese parodistische Anlehnung an Karl-May-Stil symbolisiert, daß man die längste Zeit vor den »weißen Männern« Angst gehabt haben wird, weil sie genau solche Menschen sind wie die »roten Männer«, die Indianer, die bisher unterdrückt waren. Gleichzeitig aber sagt der Titel »Der große Krieg der weißen Männer«, daß dieser und damit jeder Krieg nur wenige Menschen interessiert und von wenigen Menschen gemacht wird (die »weißen Männer« bildete im indianischen Amerika die Minderheit!). Er ruft der Menschheit zu, sich wieder ihrer ursprünglichen Aufgabe bewußt zu werden. Zu leben und nicht zu morden. Und drittens ist diese Überschrift eine höhnische Satire auf die Phrasen des »preußischen Mannestums«, das im Kriegführen das Kriterium des Männlichen sah.

Dieser Zyklus ist in gewisser Weise ein Lehrbuch, genau so wie man das literarische Schaffen Arnold Zweigs als pädagogisches Werk bezeichnen kann. In den vier bisher erschienenen Bänden »Junge Frau von 1914«, »Erziehung vor Verdun«, »Der Streit um den Sergeanten Grischa« und »Einsetzung eines Königs« stehen in meisterlicher Charakterzeichnung Gestalten vor uns, die uns ethisches Vorbild oder Warnung sind. Da ist Lenore Wahl, die »junge Frau von 1914«. Da ist ihr Bruder David, der das Drängen und den Kampf der Jugend gegen eine verfaulende Gesellschaft und menschenmörderischen Krieg symbolisiert. Da sind die Brüder Christoph und Eberhard Kroysing, unvergeßlich in ihrer Liebe zum Recht und in ihrem Prinzip der Anständigkeit, das um der Anständigkeit willen besteht. Da ist der alte Kriegsgerichtsrat, der Selbstmord begeht, um nicht mitschuldig zu werden an der schreienden Ungerechtigkeit und Menschenfeindlichkeit dieses Krieges. Da ist der junge Schriftsteller Werner Berlin, der im Laufe seiner alle vier Bände durchziehenden Entwicklung allmählich lernt, den Krieg nicht mehr als gesellschaftliches Naturereignis, sondern als Mittel der Ausbeutung zu betrachten. Da ist Grischa Paprotkin, ein Mann mit einem offenen Gesicht und einem seelensguten Gemüt. Der erschossen wird, weil ein General seine Prestigebelange wahren muß. Da ist die Exzellenz von Lychow, der Standardtyp des preußischen Feudaljunkers, der sich in der Welt des Imperialismus nicht behaupten kann. Da ist Albert von Schieffenzahn, der Generalquartiermeister des Heeresbezirkes Ober-Ort und General Clauß, die beide Ambitionen haben, die Sowjetunion zur Kolonie des preußischen Imperialismus zu machen. Da ist Paul Winfried, der Typ des bürgerlichen Intellektuellen, der das Wesen und die Ziele dieses Weltkrieges durchschaut. In dem Setzer Wilhelm Dahl, dem Gastwirt Karl Libehde, dem Gasarbeiter Halezinsky, dem Revolutionär Fjodor Werenjew und anderen zeigt sich, daß die zukünftige Entwicklung von den proletarischen Kräften als den stärkeren bestimmt werden wird. Alle diese Gestalten sind in ihrer Eigenart und Individualität für ihre Klasse oder Gesellschaftsschicht typisch; dadurch ergibt sich die große Farbigkeit des Romans. In seiner Aufdeckung der Zusammenhänge behandelt dieser große Zyklus den Krieg in fast wissenschaftlicher Manier. Gerade aber durch seine Verbundenheit mit der Nation wurde er zu einem unerhört lebendigen Zeitdokument. Kein Werk hat bisher so genau und derart interessant die Wurzeln und Triebkräfte des imperialistischen Krieges aufgedeckt. Hier wird bewiesen, daß der Krieg nichts mit Patriotismus und Gerechtigkeit zu tun hat, daß der Nationalismus nur zur Verheimlichung der wirtschaftlichen Gründe für den Krieg ausgenutzt wird. Die konsequente Idee des Rechts und der Rechtlichkeit, die aus diesen vier Romanbänden spricht und in dem philosophischen Rechtsanwalt Dr. Posnansky personifiziert ist, muß jeden Menschen zum Kampf für das Gute in der Welt begeistern. Das Kunstwerk als Form der Erkennbarkeit der Welt kämpft gegen den Krieg und verpflichtet uns, alle unsere Kräfte für die Erhaltung des Friedens einzusetzen. Das gilt besonders für die gegenwärtige Situation, in der die Unterzeichnung des sogenannten »Deutschlandvertrages«, der Westdeutschland in den Offensivblock gegen die So-

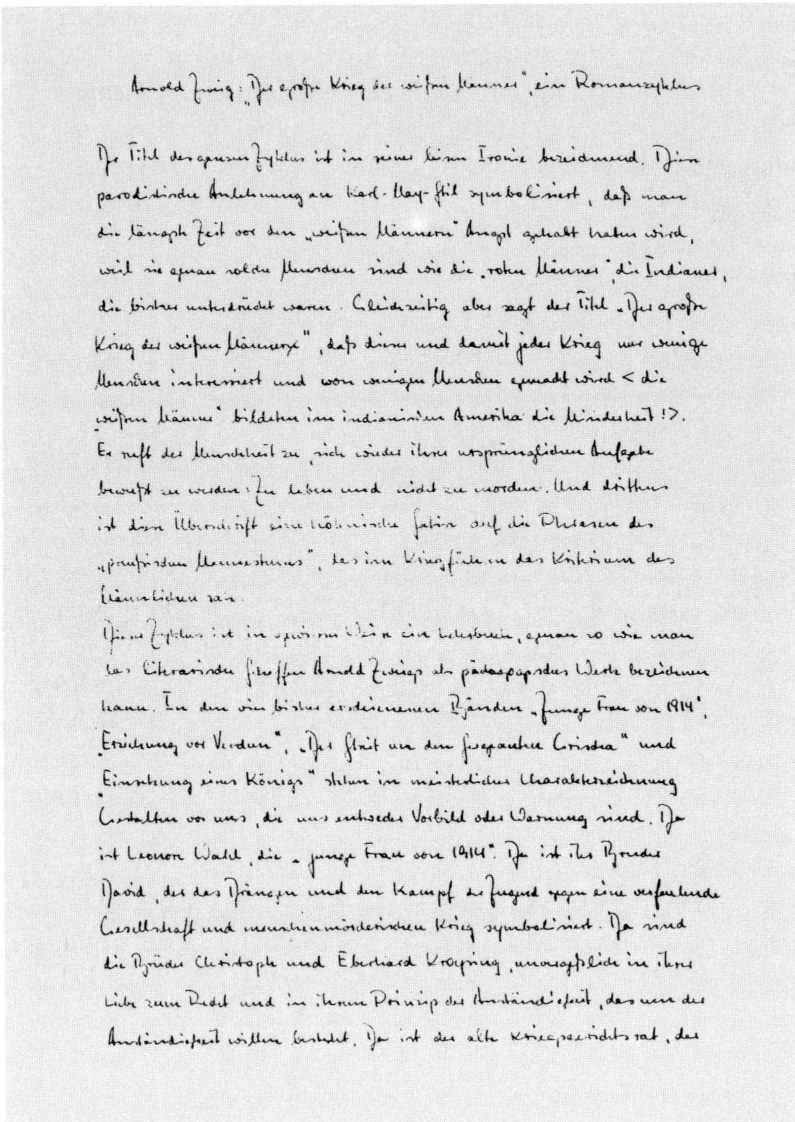
Arnold Zweig: „Der große Krieg der weißen Männer", ein Romanzyklus

Der Titel des ganzen Zyklus ist in seiner tiefen Ironie bezeichnend. Diese parodistische Anlehnung an Karl-May-Stil symbolisiert, daß man die längste Zeit vor den „weißen Männern" Angst gehabt haben wird, weil sie genau solche Menschen sind wie die „roten Männer", die Indianer, die bisher unterdrückt waren. Gleichzeitig aber sagt der Titel „Der große Krieg der weißen Männer", daß dieser und damit jeder Krieg nur wenige Menschen interessiert und von wenigen Menschen gemacht wird <die „weißen Männer" bildeten im indianischen Amerika die Minderheit!>. Er ruft der Menschheit zu, sich wieder ihrer ursprünglichen Aufgabe bewußt zu werden: Zu leben und nicht zu morden. Und drittens ist diese Überschrift eine höhnische Satire auf die Phrasen des „preußischen Mannestums", das im Kriegführen das Kriterium des Männlichen sah.
Dieser Zyklus ist in gewissem Sinne ein Lehrbuch, genau so wie man das literarische Schaffen Arnold Zweigs als pädagogisches Werk bezeichnen kann. In den vier bisher erschienenen Bänden „Junge Frau von 1914", „Erziehung vor Verdun", „Der Streit um den Sergeanten Grischa" und „Einsetzung eines Königs" stehen in meisterlicher Charakterzeichnung Gestalten vor uns, die uns entweder Vorbild oder Warnung sind. Da ist Leonore Wahl, die „junge Frau von 1914". Da ist ihr Bruder David, der das Drängen und den Kampf der Jugend gegen eine verfaulende Gesellschaft und menschenmörderischen Krieg symbolisiert. Da sind die Brüder Christoph und Eberhard Kroysing, unvergeßlich in ihrer Liebe zum Recht und in ihrem Prinzip der Anständigkeit, das um der Anständigkeit willen besteht. Da ist der alte Kriegsgerichtsrat, der

1. Seite der handschriftlichen Immatrikulierungsarbeit zu Arnold Zweig *Der große Krieg des weißen Mannes, ein Romanzyklus*

wjetunion einbeziehen soll, bevorsteht und die Drohung eines imperialistischen Krieges erneut am Horizont steht. Diesen Krieg, der in seinem Ausmaß der fürchterlichste seit Menschengedenken sein würde, gilt es zu verhindern. Das ist aber nur möglich, wenn sich die ganze Menschheit vereint gegen ihre Feinde wendet und sie vernichtet.

Güstrow, 25. V. 52

Thema B: Wesen und Funktionen des Staates in der Periode des Übergangs vom Kapitalismus zum Sozialismus

Herr Kautsky hat sich die Mühe gemacht, in einem umfänglichen Werk darzulegen: da, nach Marx' eigenen Worten, der Staat allmählich absterbe, sei eine Revolution eigentlich unnötig; geschehe sie zufällig doch, so sei sie nach kurzer Zeit beendet und der Sozialismus sei vorhanden. Das war die Auffassung, die sich die Revisionisten aller Spielarten dank dieser Bemerkungen erwarben. Sie führt des weiteren zu der Meinung, der Stimmzettel sei das wichtigste Kampfmittel der Arbeiterklasse.

Marx hat tatsächlich formuliert, der Staat werde absterben. Jedoch gehört eine ungemeine Bereitwilligkeit zu Missverständnissen dazu, etwa aus dem Kommunistischen Manifest, der Schrift über den 18. Brumaire, aus den Unterlagen und Protokollen des Kölner Kommunistenprozesses vom Jahre 1849 beispielsweise herauszulesen, dieser Vorgang des Absterbens werde ohne einige gewaltsame Voraussetzungen möglich sein.

Eine solche Auffassung ist unvereinbar mit wesentlicher Kenntnis der marxistischen Lehren vom Staat. Der Staat, hervorgegangen aus der Scheidung der Gesellschaftsordnung in Klassen, ist stets eine Apparatur gewesen zur Unterdrückung der schwächeren Klasse. Man wird kaum annehmen können, dass die bourgeoisen Gruppen nach ihrer politischen Entmachtung begeisterte Anhänger beispielsweise des sozialistischen Wirtschaftsprinzips sein werden. Und man wird ebenso wenig vermuten können, bourgeoise Inhalte lassen sich ausgezeichnet verwenden für Ergebnisse proletarischer Revolution.

Während bei den vorproletarischen Revolutionen stets nur die Form der Ausbeutung wechselte, hat die proletarische Revolution jedwede Art von Ausbeutung zu beseitigen. Sie übernimmt mit ihrer politischen Macht ein Wirtschaftsgefüge, das die Bourgeoisie – bis auf die Frage der Besitzverhältnisse – geradezu auf die Bedürfnisse

proletarischer Macht hin entwickelt zu haben scheint – so gut kann man es gebrauchen, wenn auch nach Veränderungen im Eigentumsrecht. Diese Veränderungen dauerhaft zu garantieren, ist die Aufgabe der Diktatur des Proletariats: sie wird gelöst durch eine Bewaffnung des ganzen Volkes: womit denn schon eine Eigenschaft des Staates abgestorben wäre, nämlich die vom Volk getrennte bewaffnete Macht, die einigen gegen viele diente; nunmehr ist sie eine Macht der Mehrzahl im Interesse der Mehrzahl. Weiterhin ist die Aufgabe – die neuen Produktionsverhältnisse zu schützen – zu lösen durch eine Liquidation des bürokratischen Apparates. Die Bürokratie hat seit den seligen Tagen ihrer Entstehung als Diener feudaler Zentralgewalt und als Keil zwischen absolutistischer Spitze und einzelfürstlicher Herrlichkeit (Frankreich) stets in isolierter Heiligkeit gelebt. Diese erweist sich ohne Umstände als Scheinheiligkeit, wenn der Verwaltungsaufwand in seinen Löhnen das Niveau der Produktionsarbeit nicht überschreitet und zu ständiger Rechenschaftslegung gegenüber seinen Beauftragten – den Massen des Volkes – angehalten wird. Womit ein weiteres Charakteristikum des Staates – die vom Volk getrennte und progressive Entwicklung hemmende, obendrein mit Schmerzen zu erhaltende Bürokratie – verschwunden wäre. Man sieht –: die Formulierung Marx' über das »Absterben des Staates« ist denkbar gut gewählt: sie bezeichnet sowohl die Stetigkeit als auch die naturhafte Notwendigkeit dieses Prozesses.
Zu den innersten Funktionen der Diktatur des Proletariats gehört also zunächst der Schutz des sozialistischen Eigentums gegen die noch nicht einverstandenen bourgeoisen Reste, mittels bewaffneter Macht des ganzen Volkes. Äussere Funktionen werden selten auf sich warten lassen, da die Bourgeoisie der führenden Länder beim Zusammenbruch beispielsweise der zaristisch-bürgerlichen Macht ungemein schwer begreift, daß das Erbe der Revolution hier vom Proletariat angetreten wurde, statt auf die ausländische Bourgeoisie überschrieben worden zu sein. Das Land muss gegen die bewaffneten Interventionen verteidigt werden, und der Ausgang des Kampfes wird wesentlich davon bestimmt, daß ein Eigentümer ungleich

anders kämpft als ein zu diesem Zweck Angestellter oder zu diesem Dienst Gezwungener.
Zusammen mit der wirtschaftlich-organisatorischen Funktion der proletarischen Staatsmacht ist die Vereinigung der ganzen Bevölkerungsteile zum sozialistischen Aufbau herbeizuführen. Mit der Organisierung eines dafür geeigneten, über das ganze Land verzweigten sensiblen und zähen Verwaltungsmechanismus bildet sich die kulturell-erzieherische Funktion heraus. Sie hat sich zu beschäftigen mit bourgeoisen Restbeständen an Individualismus und Begriffsstutzigkeit soweit mit der Angleichung des Bewusstseins an sozialistische Verhältnisse und der kritisch-produktiven Verwertung des nationalen Erbes.
Für diese Funktionen ist verantwortlich die Partei, als der bewussteste und fortgeschrittenste Teil der Arbeiterklasse.
Das Vorige darf durchaus nicht den Eindruck erwecken, als seien die revolutionären Interessen national beschränkt. Wie der Kampf des Proletariats vor der Revolution nur der Form, aber nicht dem Inhalt nach national begrenzt war, so auch nach der Machtergreifung. Während der ganzen Zeit des Übergangs von der vorsozialistischen Gesellschaftssituation zur sozialistischen ist die Partei unbedingt verpflichtet, die Verbindung zu dem Proletariat der kapitalistischen beziehungsweise der kolonialen Länder herzustellen und aufrechtzuerhalten, die unterdrückten Völker dieser Länder in ihrem Befreiungskampf zu unterstützen.
Der Übergang von der proletarischen Diktatur zur endlich und endgültig sozialistischen Gesellschaftsformation ist ein Vorgang ohne einschneidende allgemeine Zäsur. Mit der wirtschaftlichen Organisation und der Vereinigung der Arbeiter und Bauern sowie der sonstigen Bevölkerungsgruppen um den sozialistischen Aufbau wachsen die Funktionen der proletarischen Diktatur mit ihren Aufgaben in sozialistische hinein. Was dann an Staat noch geblieben sein wird – notwendigerweise, als Schutz gegen noch kapitalistische Umgebung – das dürfte kaum noch als Staat im Sinn menschlicher Vorgeschichte zu bezeichnen sein. Seine Aufgaben werden sein die Verwaltung von Sachen und die Leitung von Produktionsprozessen

– ansonsten wird er mit seinen Menschen dergestalt verbunden sein, dass man ihm dann, nach Lenins Vorschlag, den Namen »Gemeinwesen« geben sollte, im weitesten und humanistischen Sinn dieses Wortes.

Thomas Otway: »Venice Preserved« & Literatur im Englischen XVII. [Jahrhundert]

I. Die Buchläden am St. Paul's Churchyard
   a) philosophischer Materialism[us]
   b) englischer Puritanism[us] und Literatur
   c) John Milton, Puritaner

II. Das Dorset Garden Theatre
   a) Thomas Otway lebte von 1652[1] bis 1685
   b) das »heroische Drama« der Restauration
   c) »Venice Preserved«
      (Quelle Widmung Personen)
   d) Bemerkungen zum dramatischen Plan

Das eigentliche Thema des Referats ist eine Behandlung des Dramas von Thomas Otway: Venice Preserved, jedoch war dies zu ordnen neben einen Bericht über die hauptsächlichsten Ereignisse in der englischen Literatur des XVII. So ist die Erörterung von »Venice Preserved« notwendig eingeschränkt worden.
Ich habe an Literatur benutzt:
Thomas Otway, in den Mermaid Series, edit. and with an appreciation by Hon. Rodus Nach. London & New York. Ohne Jahr.
Vorkommende Übersetzungen sind von mir. Chambers Cyclopedia of English Literature. Cambridge 1911.
Maurice Cornforth, (Science Versus Idealism) Wissenschaft kontra Idealism[us]. Berlin 1952, deutsch.
Walter Schirmer, Antike, Renaissance und Puritanism[us]. München 1933.

1 Johnson schrieb irrtümlich 1651.

Erster Teil:
Die Buchläden am St. Paul's Churchyard

(In die Lebenszeit Thomas Otways fällt eine allgemeine Umgestaltung des londoner Stadtbildes, vollzogen im Geiste des Italieners Palladio den die Kunstgeschichte verteilt an Renaissance und Frühbarock. Besonders umfassend verändert wurde die Architektur Londons nach dem grossen Brand von 1666. Bei dieser Gelegenheit, die die City ziemlich vollständig baufällig machte, wurde auch die St. Paul's Cathedral zerstört. Christopher Wren baute sie bis 1710 wieder auf, so dass sie aussieht wie ein astronomisches Observatorium im Stil der wie gesagt Renaissance und Frühbarock, ist aber die St. Paul's Cathedral auf dem St. Paul's Churchyard.
An einem Kirchhof befanden sich damals die einzigen Buchläden Londons, die wichtigsten Englands, in ihnen war das öffentliche Interesse an Literatur zusammengefasst. Denn es gab keine einzige öffentliche Bücherei zu der Zeit, oder Buch-Clubs. Selbst der Klerus war ungenügend versehen, und die allein anständige Bibliothek war die Oxford Library. Das war aber eine Universitätsbibliothek.
Man ging also auf den St. Paul's Churchyard und sah sich die Auslagen der booksellers' shops an, allerdings ohne viel zu kaufen (Miltons Paradise Lost erfuhr bis 1710 drei Auflagen), und es ergab sich, neben puritanischen Traktaten, ein bedeutendes Angebot:)

Unter a: englischer philosophischer Materialism des XVII ist zu beginnen mit dem Ausspruch Engels: England sei die Urheimat allen modernen Materialism, vom XVII an.
Diesen modernen Materialism leitete ein Lord Francis Bacon (er lebte von 1561 bis 1626). Er formulierte nicht eine umfassende materialistische Theorie der Welt, sondern war beschränkt auf eine materialistische Erkenntnistheorie und eine wissenschaftliche Methode. Diese Erkenntnistheorie allerdings war eine erstaunliche. Thomas von Aquino hätte sicherlich gesagt, sie sei frech. Das Wort hatte damals noch nichts lobendes. Wenn Bacon meint die Erkenntnis beginne mit der Erfahrung, und die menschlichen Sinne lieferten

verlässliche und verbindliche Daten – könnte Thomas noch zustimmen, aber dann käme für ihn die Vernunft. Und die Vernunft ist von Gott, also schliesst sie von allen empirischen Daten auf sogenannte »erste Ursachen«. Da kommt aber für | Bacon die Erklärung, solche Schlüsse auf erste Ursachen seien nur »Schranken und Hemmnisse, um das Schiff zum Halten zu bringen und am Weitersegeln zu verhindern; sie haben es zuwege gebracht, dass die Suche nach den natürlichen Ursachen vernachlässigt und stillschweigend übergangen worden ist.«

Es ist durchaus nicht zufällig dass Sir Francis Bacon die Wissenschaft vergleicht einem Schiff. Dieses Bild ist bezeichnend für den Weg des englischen Bürgertums in der Wirtschaft wie in der Philosophie: den induktiven nämlich. Man kommt, wenn man das Nahe bewältigt, in die überraschendsten Weiten: das trifft zu sowohl für Bacon Hobbes Locke als auch für den Admiral Drake und die Ostindische Kompanie. Die erstaunliche Wirkung dieser kaufmännischen und philosophischen Spekulation beruht auf dem Vorsatz nie den Boden unter den Füssen zu verlieren. Das tat man nun nicht, der britische Handel bewies sich in den Kolonien die er den Spaniern Portugiesen Franzosen und schliesslich auch noch den Holländern abnahm, er sagte dabei Bibel und meinte Kattun. Kattun ist handgreiflich. Die englische Philosophie, zunächst Sir Francis Bacon, bewies das mit andächtiger Ehrfurcht vor Ding und Tatsache.

Es gab für Bacon nur die Naturwissenschaften, vorzüglich die sinnliche Physik. Und wie die Ostindische Kompanie intuitiv reagierte auf Gegebenheiten (statt einem apriori-Plan an folgen), so lehnte Bacon jedes System ab, das nicht aus empirischen Einzelheiten zusammengetragen war. Er war tatsächlich der Meinung: eine Erkenntnis gewonnen in exakten wissenschaftlichen Verfahren sei objektiv wahr und beziehe sich, jedenfalls, auf die wirklich existierende materielle Realität. Er leugnete wirklich dass es eine andere

| Francis Bacon. Über die Würde und den Fortgang der Wissenschaften. Pest 1783 I-II, S. 344 (deutsch).

Wissenschaft gebe, als die nur beobachtende die ihre Feststellungen in Theorien verallgemeinerte und diese Theorien immer wieder experimentell prüfte.
Das war viel auf einmal und Marx konnte darauf hinweisen, dass der Materialism Bacons zwar »wimmelt von theologischen Inkonsequenzen«. Das half der Theologie aber wenig, denn ihr philosophisches Fundament die Scholastik war von eben diesem Bacon betrachtet worden, und da sah sie plötzlich absurd aus.
Bacons Hauptwerke sind diese:
The Advancement of Learning (übers.), und das Novum Organum Scientiarum (1620)
Die Linie geht weiter. Mit Thomas Hobbes, dieser lebte von 1588 bis 1679.
Thomas Hobbes war der Schüler Bacons, und er brachte die Lehre Bacons in ein System. Das war nicht gut für die Anschaulichkeit die von einem Schiff sprach wenn sie die Wissenschaft meinte. Thomas Hobbes erklärte zur Grundwissenschaft die Geometrie. Das ist ein wenig einseitig, aber es machte das System dieses metaphysischen Materialismus einleuchtender. | »Eine jede Empfindung«, schrieb er, »setzt einen äusseren Körper oder Gegenstand voraus, der sich unserem jedesmaligen Sinn aufdrängt, entweder unmittelbar wie beim Gefühl und Geschmack, oder mittelbar wie beim Gesicht, Gehör und Geruch ...« Man könnte auch sagen: schreibt er. – Diese Einwirkung äusserer Objekte auf unsere Sinne rufen hervor seemings oder fancies oder appearances, die wohl im Objekt existieren als empfindbare Qualitäten, durch Bewegung der Materie entstehen, und vom Menschen durch Bewegung aufgenommen werden; aber alle diese Eindrücke sind eingebildet, sind nicht wirklich. Wirklich, unabhängig davon ob man sie sieht oder fühlt, unabhängig existieren nur die Körper und ihre Bewegungen. Für Hobbes besteht also die Welt aus Körpern, Bewegungen, und mechanischen Wechselwirkungen.

| Leviathan, oder der kirchliche und bürgerliche Staat. Halle 1794/95, 1-4; 1, S. 9 (deutsch).

Von hier aus kann man an Erkenntnis-Theoretischem einiges Unerhörte sagen, und das war dies: Denken ist eine sinnvolle Kombination von Worten, und solche Fügung bezeichnet verschiedene Bewegungen oder Eigenschaften von Körpern. Das muss aber nun unbedingt stimmen, und zu denken der Kreis sei rund widerspricht nicht der wesentlichen Natur des Kreises. Falsch ist ein Viereck als rund zu sehen, falsch ist aber auch zu sagen der Wille sei frei, denn was ist Wille, wie erfährt man ihn? Und völliger nonsense ist denn ja doch wohl eine Meinung über eine »immaterielle Substanz«, das gibt es nicht. Die Theologie hätte gesagt so etwas gäbe es.
Hobbes also systematisierte Bacons Lehre, und sagte letzten Endes was Bacon, auf theologische Weise inkonsequent, damals noch nicht hatte äussern können.
Das Dritte dies Ding gut zu machen war »An Essay on Human Understanding«, den erwarb die Oxford Library 1690 von einer Buch-Handlung am St. Paul's Churchyard.
Wenn Hobbes Bacon systematisiert hatte, so begründete der dritte, John Locke (1632 bis 1704 lebend), beider Grundprinzip: den Ursprung aller Wissenschaften aus der Sinnenwelt. Der Essay beginnt, notwendiger Weise, mit einem Angriff gegen die sogenannten »angeborenen Ideen«, solche wie Gott Substanz Ursache von denen die theologisch verpflichtete Philosophie gesagt hatte sie seien dem menschlichen Geiste angeboren und selbstverständlich wahr. Locke leugnete solches. »Wir wollen also annehmen, der Geist sei, wie man sagt ein unbeschriebenes Blatt, ohne alle Eindrücke, frei von allen Ideen; wie werden ihm diese dann zugeführt? ... Ich antworte darauf mit einem einzigen Wort: aus der Erfahrung. Sie liegt unserem gesamten Wissen zugrunde, aus ihr leitet es sich letzten Endes her. Unsere Beobachtung die entweder auf äussere sinnliche Objekte gerichtet ist oder auf innere Bewusstseinsvorgänge, die wir wahrnehmen und über die wir reflektieren, liefert unserem Verstand das gesamte Material des Denkens. Dies sind die beiden einzigen Quellen der Erkenntnis, aus denen alle Ideen entspringen, die wir haben oder naturgemäss haben können.«

Die Leistung Locke's besteht durchaus darin die Grundprinzipien seiner Vorgänger, Hobbes und Bacon, auszuarbeiten.
Allerdings bucht die idealistische Philosophie-Geschichte grosse Teile des Essays als Positivum. Das liegt an einer merkwürdigen Unterscheidung die im weiteren Verlauf geschieht. Locke sagt nämlich: »der eigentliche Gegenstand der Erkenntnis sei nicht das reale Objekt. Sondern die Idee die wir von diesem Objekt haben.« Wohl war für ihn selbstverständlich dass sich solche Ideen bezogen auf die objektive Welt als Abbilder von Dingen. So aber kann man nur erkennen, wie diese Dinge beschaffen sind, nicht wie sie sind, nicht ihre wesentliche Natur.
Dies ist eine Scheidung: nach rechts ging es zum subjektiven Idealism und Agonistizismus, nach links gingen Diderot Descartes und Marx. Das Ding an sich, unerkennbar, kommt von Locke her, die Behauptung die Welt sei erkennbar: auch.
Solche Philosophie im XVII ist eine bürgerliche Angelegenheit. Das englische Bürgertum begann sich politisch wie wirtschaftlich zu formieren, es entwickelten sich Navigation Bergbau Artillerie: alles Gewerbe die wissenschaftlicher Nachhilfe unbedingt bedürftig sind. Die Aufgabe der Philosophie war es also die Methoden der Naturwissenschaft zu rechtfertigen, sie ist in ihrem Wachstum gebunden an die Entwicklung der Naturwissenschaften. Aus diesen praktischen Notwendigkeiten erklärt sich dass der Materialism des englischen XVII auf die Erkenntnistheorie sich beschränkte. Es kam darauf an zu zeigen »dass alle Erkenntnis aus Erfahrung entstehen und durch Erfahrung bestätigt werden müsse und doch auf dieser Grundlage eine systematische und verifizierbare Darstellung der Natur der Dinge erreicht werden könne.«
Solche Philosophie im XVII ist eine bürgerlich-oppositionelle Angelegenheit. Im selben Masse wie der englische Kapitalism während der ursprünglichen Akkumulation die feudalen Produktionsverhältnisse auflöste und zerbrach, im selben Masse und mit der gleichen Rücksichtslosigkeit leugnete er die religiösen und philosophischen Glaubensmeinungen die seinen Bedürfnissen nicht entsprachen. Andeutungsweise mit Bacon, am Anfang des XVII und

des Kapitalism, offen mit Locke als die Glorious Revolution die politische Herrschaft des Bürgertums befestigt hatte.
Widersprüchlich allerdings ist die Haltung der englischen Materialisten zur Ideologie und Institution der Kirche. Denn dieselben gesellschaftlichen Kräfte die eine Erweiterung der Grenzen menschlicher Erkenntnis wünschten, verlangten eine Aufrechterhaltung der Religion und der reformierten Kirche. Sie begriffen dass Monarchie und Kirche die Stützen der Gesellschaft bleiben mussten. Sie zerstörten alles Feudale ausserordentlich gründlich, aber die Abschaffung von Königtum und Kirche dauerte nur die Zeit des Commonwealth. Die Restauration setzte beide wieder ein.
Cornforth: »So hatte die Philosophie eine zweifache Aufgabe – einerseits die Wissenschaft gegen die Dogmen der Katholiken zu verteidigen, andererseits zu zeigen, dass die Wissenschaft dem Atheism keine Unterstützung leiste und mit dem Glauben an Gott und die Unsterblichkeit zu vereinbaren, überhaupt mit den liberalen Lehren der Anglikanischen Kirche sehr gut in Einklang zu bringen sei.«
Sir Francis Bacon war Lord Chancellor, Lordkanzler unter Jakob dem Ersten. Es kam dem Lordkanzler zu, die Wissenschaft als gut für Handel und Manufaktur, die Religion als gut für die gesellschaftliche Sicherheit zu unterstützen. Es fiel ihm nicht ein beide gegeneinander auszuspielen, man stritt sich manchmal, aber um Kleinigkeiten. Für Hobbes wurde das Gegenüber deutlicher, peinlicher. Im politischen Teil des »Leviathan« leitete er von seinen materialistischen Prämissen die Notwendigkeit der Kirche ab. Und die Notwendigkeit der Religion. Ohne diese beiden werde eine Regierung unmöglich sein. Aber er gestand der Religion nur eine politische Zweckmässigkeit zu, ihr Wesen hatte er als Aberglauben dargestellt. Die konsequente Ausarbeitung Bacons brachte Hobbes nur Ärger, sein Atheism wurde heftig verabscheut. Zu den Meinungen Hobbes' hielten nun wieder Leute die Grund hatten das Kapital, das seinen Hobbes verleugnete, nicht zu lieben: das waren einige Leveller und zynische Aristokraten. Das ging aber durchaus nicht so weiter, man konnte weder ohne die Religion auskommen noch

ohne die Wissenschaft, man musste sich irgendwie einigen. Man einigte sich auf die Erklärung Lockes. Eben jene, die das Bewusstsein der objektiven Realität und nicht die objektive Realität selbst zum unmittelbaren Objekt der Erkenntnis machte. Damit war der Radius wissenschaftlicher Erkenntnis beschränkt und die Substanz der Dinge war unerkennbar. Unter solchen Umständen war die Unsterblichkeit der Seele und ihr Verhältnis mit Gott noch einmal gerettet. Nur war diese Übereinkunft des »jeder macht seins« nicht ganz stimmig, natürlich. Locke übernahm Hobbes' Doktrin von der mechanistischen Körperstruktur der Welt und drängte religiöse Gegenstände aus der Welt heraus damit – auf der anderen Seite zwängte er sie wieder hinein mit einer Theodizee in einem eigenen Kapitel des Essays.

Die englische Philosophie hatte in der Folge noch viel Mühe: das Stück Weges das sie zu weit gegangen war auf Umwegen wieder zurückzugehen.

b) englischer Puritanism und Literatur

Die Spannungen zwischen Protestantism und künstlerischen Äusserungen sind, jetzt, ausserordentlich unduldsam und angelegentlich. Die katholische Kirche machte nur den Geistlichen Vorschriften, stellte der Gemeinde Unanstössiges frei. Die Kalvinisten liessen nicht nur ihre Kirchen weiss tünchen, sie zogen auch die ganze Gemeinde dazu heran die Reinheit reformatorischer Bestrebungen wahren zu helfen. Was dann tatsächlich zur Folge hatte dass jedermann bei jedermann nachprüfte ob [er] die biblischen Anordnungen befolgte. Solches trug einmal bei zur Heftigkeit des puritanischen Theater- und Literaturkampfes.

Zunächst zur Literatur.

Grundvorschrift des puritanischen Verhaltens war der siebente Vers im vierten Kapitel des ersten Timotheus-Briefes: but refuse profane and old wives fables, and exercise they selfe rather into godliness. Alles Fabelhafte ist also grundsätzlich unanständig, gottgefällig sind nur Dichtwerke die inspirierte Wahrheit vermitteln.

Die Forderung Gott zu loben schliesst in diesem Falle schöpferische Literatur aus, damit nicht genug: es geht nicht um Lobpreisen allein, Dichtung hat die Aufgabe moralpädagogischer Wirksamkeit: die anwesenden Gläubigen zu befestigen, die noch Ungläubigen zu gewinnen. Geduldet war Literatur die Propaganda war.
Allenfalls geduldet. Denn die Zeit die aufgewandt wurde für dichterische Leistungen galt als zweckentfremdet, der Verehrung Gottes entzogen. Literatur im englischen XVII wird genannt idle talk »superfluity vain ostentation«. Solche Zweckmässigkeit lässt keine schöne Literatur gelten, nur belehrende. Gemäss dem »art is good, where it is beneficial«, gemäss diesem fühlt sich der puritanische Dichter gar nicht als Richter, sondern als Lehrer, und Instrument Gottes. Er will seine Arbeiten nicht als Kunstwerke betrachtet wissen, jede ästhetische Auffassung ist unangebracht. Allgemeine Meinung ist immerhin: die Fähigkeit zu dichten sei ein Geschenk Gottes und sie dürfe nicht zu unheiligen Zwecken missbraucht werden.
Der Literatur war nichts weiter erlaubt als die Menschenseele und der Schöpfer, ihr Verhältnis, Gottes Wille und die menschliche Seele, die Erkenntnis des göttlichen Willens durch das einzelne Individuum als in ihm selbst vorhanden und mittelbar tätig: dies war das Thema der Literatur. Da sie damit irgendwie fertig werden mußte, arbeitete sie mit Allegorik. Einer Allegorik der jedes symbolhafte und philosophische Element durchaus abging, die eben nur Übersetzung sein sollte für den abstrakten moralischen Gedanken. Es war die einzige Möglichkeit puritanische Gedanken anders zu sagen als prosaisch. Die Grundlage solcher poetischen Verklärung war die Bibel, ihre Gleichnisreden und Bildtechnik. Niemals aber durfte diese Allegorik die moralische Wirkung gefährden, durch sinnliche Schönheit.
Die andere Technik, neben der Allegorik, ist die Wiederholung und Paraphrasierung der Bibel überhaupt. Die Bibel ist aber ein Buch das mit jeder Verkürzung und Erweiterung seine künstlerische Bedeutung verliert; hinzu kommt dass jede Sinnenfreude auch hier unnützliche Ablenkung ist – so dass letztlich als wahrhaft erfüllter

Zweck der Bibelparaphrasen die Gedächtnisübung für den Leser übrigbleibt.
Hinzuweisen ist darauf dass in dieser Zeit der Glaubensstreite die Predigt durchaus als Literaturform geübt wurde. Diese aus der seelsorgerlichen Arbeit herauswachsenden Erörterungen befassen sich naturgemäss mit praktischen Dingen und versuchen auf unverblümte einfache Weise dem Zuhörer und Leser sein Verhältnis mit Gott zu erleuchten.
Im allgemeinen kann aber wohl gesagt werden dass Puritanism und Literatur sich feindlich gegenüberstehen. Weil es dem puritanisch empfindenden Menschen unmöglich sein muss religiöse Überzeugung anders auszudrücken als durch praktische Aktion, trotz aller angeführten Versuche, trotz der Ausnahme John Milton.
Zum Theaterstreit:
Der Streit des Puritanism um die Bühne zieht sich durch das ganze XVI schon. Er [erfährt seine] Beruhigung, Festlegung in der allgemeinen Schliessung der öffentlichen Bühnen unter Cromwell, und wird mit der Restauration endlich überstimmt.
Die Ablehnung des Theaters durch den Puritanism schreibt sich von den Tagen des Urchristentums schon her. Man beruft sich zunächst auf Plato, der den Wert des Schauspiels leugnete: einmal weil das Laster zu verlockend sei als dass man es darstellen dürfe zum anderen weil die allein übriggebliebene Tugend keinen dramatischen Konflikt ergeben könne. Plato legte dar das Drama sei eine doppelte Nachahmung, Nachahmung einer unzulänglichen Kopie des göttlichen Ideals, und müsse demzufolge mit Notwendigkeit unter dem Ideal bleiben.
Weitere, und grundsätzlich ausgesuchte Rückhalte ergaben sich aus dem Alten Testament, das kategorisch verbot sich ein Bildnis zu machen.
Heftiger wurde der Gegensatz mit den ersten Christen. Diese sahen in dem Verfall des griechisch-römischen Theaters, der Sittenlosigkeit des Schauspielers, den Zirkus-Spielen, besonders aber im dionysisch-festseligen Rausch des antiken Theaters etwas Gott ganz und gar nicht Gefälliges. Schon hier entstand ein umfangreiches

polemisches Schrifttum, das dann im englischen Streit dankbar und bedenkenlos exzerpiert wurde.

Die Leidenschaftlichkeit des englisch-puritanischen Theaterkampfes ist vor allem darauf zurückzuführen dass sich der Gegensatz verdeutlichte im Gegenüber zweier gesellschaftlicher Kräfte: des königlichen Hofes und des Magistrats von London.

Der Hof schützte das Theater, der Königin wegen. Allein aber konnte er die Kosten dafür nicht tragen, also musste die Stadt Aufführungen zulassen.

Der Magistrat wehrte sich. Er sprach von Feuergefahr Verkehrsstörungen Pestverbreitung – er sprach nicht von seinen puritanischen Hintergedanken, aber es war auf beiden Seiten das Bewusstsein wirksam dass sich hierbei Adel und Bürgertum eine Kraftprobe lieferten, im Angesicht der Königin. (Wie ja die Vermittlung zwischen sich [stark] fühlendem Kapital und dem missgünstig-hochnäsigen Adel nicht eins der geringsten Verdienste Elisabeths ist.) Später wurde das Theater der Stadtgerichtsbarkeit entzogen, und die Magistratserlässe bekamen Ähnlichkeit mit den unzähligen Pamphleten die in dieser Zeit verbreitet wurden.

Meistens anonym, und ihr Tenor sind die erwähnten alttestamentarischen und platonischen Ausstellungen sowie die Argumente der Kirchenväter, untermischt mit der Besorgnis das Theater sei eine gefährliche Konkurrenz für die Kirche. Interessant ist dabei dass das Drama an sich nicht verworfen wird. »It is lawful if only read«, sagt man. Aber das ist eine ziemlich mürrische Lizenz. Ausserdem hätten die vielfachen und vorsichtigen Vorschriften über Wahl und Behandlung der Gegenstände weniger Lustdramen entstehen lassen als religiöse Erbauungsbücher.

Für die Zeit der Republik, 1642 bis 1660, wurden alle öffentlichen Theater Englands behördlich geschlossen.

c) John Milton, Puritaner

(Bei diesem Abschnitt berücksichtige ich dass am 18. März von Herrn Professor Luther von der Universität Budapest ein Vortrag gehalten wurde über das Thema »Milton: A Bourgeois Revolutionary«, und berücksichtige weiter die dringliche Einladung die an die Teilnehmer dieser Übung zu diesem Vortrag erging.)

Der Grossvater John Miltons war ein Katholik, er blieb es trotz zwei hoher Geldstrafen. Der Vater John Miltons, des vorigen Sohn, wurde ein Protestant. Er wurde enterbt. Jedoch er liess sich davon ebensowenig überzeugen, er zog von Oxfordshire nach London und testete dort seine Gottgefälligkeit als Advokat und Geldverleiher.

In derart bewusst (halsstarrig) protestantischem Hause wurde John Milton geboren (am 9. Dezember 1608) und wuchs er auf, angehalten zur Pflege der Musik und zu Interesse für schöne Künste. Sein Vater gab ihm die günstigsten Möglichkeiten geistiger Entwicklung, vom puritanischen Priester als Privatlehrer, über die puritanisch gerichtete St. Paul's School, London, bis zum Christ's College in Cambridge. Das ist die theologische Fakultät. Er war während dieser Laufbahn ausserordentlich interessiert an der Verfertigung von Gedichten, er war fünfzehnjährig bekannt; aber es gelang ihm dabei nicht nur eben befriedigende, sondern hervorragende Studien-Leistungen zu erreichen: seine gelegentlich einer Übung entstandene »Hymn on the Nativity« machte ihn berühmt, damals war er 21 Jahre alt. Ausserdem hatte er in Cambridge sich mit der Mehrzahl seiner Studienkollegen ebenso zu streiten, wie sie, konservativ und adlig, ihn höflich anfeindeten.

Gründlich versehen mit humanistischer und theologischer Bildung verliess er die Universität, und zog zu seinem Vater aufs Land der die Geschäfte hatte aufgeben können. Hier in Horton, Buckinghamshire, blieb er fast fünf Jahre und las alle Autoren des klassischen Altertums deren er habhaft werden konnte, ausserdem schrieb er die Maskenspiele »Arcades« und »Comus«, ein Requiem »Lycidas«, Abhandlungen und kleineres. Prof. Luther hat diese Zeit der Zurückgezogenheit bezeichnet als ein bewusstes Sichvorbereiten auf die Aufgabe: der Dichter Englands zu werden.

1638 und 1639 reiste er durch Frankreich und Italien, in Paris wurde er bekannt mit Grotius, in Florenz besuchte er Galileo Gali-

lei, der ihn im Gefängnis empfangen musste wo ihn die Inquisition sich aufhalten liess. Sobald die ersten Nachrichten aus England kamen von der Vorbereitung des Krieges, kehrte er eilig nach London zurück.
Hatte Milton schon vor Beginn des Bürgerkrieges sehr Böses gesagt über die katholische Kirche und ihre Umstände, so schrieb er während der ganzen Revolutionsperiode nur Traktate für die Partei der Puritaner. Das bedeutete aber keinen Abschied von der Dichtung, indem man viele seiner Streitschriften eher Dithyramben als Prosa nennen könnte.
1643 heiratete er eine siebzehnjährige junge Adlige, die erste seiner drei Frauen, aber seine Lebens- und Arbeitsgewohnheiten, seine philosophische Würde gefielen ihr nicht. Er schrieb eine Abhandlung über seine Meinung dass das Gesetz des Moses eine Ehescheidung zulasse »for unfilness or contrariety of mind«, wenn die Gemüter nicht zueinander passten oder sich gegensätzlich verhielten. Kurze Zeit darauf, aber unabhängig davon verliess ihn seine Frau. – Diese Meinung – die er des öfteren noch drucken liess und sein Leben lang bewahrte – brachte ihm viel Verdächtigung und Ungunst ein sogar von puritanischer Seite. (Seine Frau kam übrigens wieder, als sie zwanzig Jahre alt war.) Viel Ärger mit der Druckgenehmigung für die Ehescheidungs-Traktate brachte ihn dazu, 1644 seine | »Aeropagitica« zu veröffentlichen, A Speech for the Liberty of Unlicensed Printing, eins der bedeutendsten Prosawerke Miltons. In den folgenden Jahren tobt der Streit um die Hinrichtung des Königs, die Milton gegen die moralischen Anwälte des entsetzten Kontinents (Du Moulin, Salmatius de Saumaise, More u. a.) verteidigte als ein unanfechtbares Recht der revolutionären Bewegung, verteidigte gegen Thomas Hobbes, der, beachteter Philosoph Englands, eintrat für die Notwendigkeit und Gerechtigkeit der Monarchie. Die beachtlichste dieser Schriften heisst »Joannis Miltoni Angli pro Populo Anglico Defensio«. 1649 wurde Milton, weil er

| Der Name bezog sich auf den Aeropagus des Altertums der die Werke des Protagoras verbrennen liess, wegen Atheism.

der Freund Cromwells und ein vorzüglicher Latinist war, zum Auslandssekretär für den Staatsrat ernannt, in welcher Eigenschaft er für den, damals lateinisch geführten, internationalen Briefverkehr des Commonwealth mit den anderen Staaten und Potentaten verantwortlich war. Künstlertum und politische Aktion erwiesen sich in seinem Leben als untrennbar.

Durch die unaufhörliche Anstrengung hatten seine Augen besorglich gelitten, die letzte Kraft opferte er, wissend was er tat, der Herstellung obenerwähnter Defensio, Ende 1652 war er vollständig blind. Seine folgenden Werke sind alle sämtlich im Diktat entstanden, unter Mitarbeit seiner zweiten und dritten Frau.

1659 veröffentlichte Milton eine Abhandlung über die »Staatsgewalt in kirchlichen Angelegenheiten«, »Betrachtungen über die annehmbarsten Mittel Mietlinge aus dem Kirchenamt zu entfernen«. Während die Restauration vor der Tür stand und die allgemeine Stimmung sich gegen Miltons Vorschläge richtete, hatte er den Mut zum Druck des »The Ready and Easy Way to Establish a True Commonwealth« in dem er ein Schema der Verwaltung und Regierung ausarbeitete und besteht auf der »inconveniency of readmitting the kingship«.

Die Konterrevolution, die Restauration des Königtums setzte Milton sofort von seinen staatlichen Ämtern frei und vertrieb ihn aus London. Es wurde eine Untersuchung gegen ihn eingeleitet die unter Umständen zu einem Todesurteil hätte führen sollen, aber seine Freunde (Marvell d' Armant) erreichten es dass Karl II. Miltons Namen mit auf die Liste der allgemeinen Amnestie setzte.

Von praktisch-politischer Arbeit war er nun ausgeschlossen, doch diese Freisetzung konnte er endlich dazu verwenden sein seit langer Zeit entwickeltes und immer wieder hintangesetztes dichterisches Vorhaben zu verwirklichen: der Lehrer seiner Nation zu werden, der Dichter des »Verlorenen Paradieses«, »Paradise Lost«.

In den folgenden Jahren seines Lebens, während der Restauration, zog Milton von öffentlicher Teilnahme in weitem Masse sich zurück, auch von jeder puritanisch-religiösen Institution löste er sich, er schrieb »Samson Agonistes« und »Paradise Regained«, er lebte

vor sich hin mit Musik und guten Freunden, seine dritte Frau lebte noch als er starb. Am 8. November 1674.
Um die Vielfalt seiner Lebensweise noch einmal zusammenzufassen: er war in gleicher Weise ein Kind der Renaissance und des Puritanism, er verteidigte auf der einen Seite leidenschaftlich Schönheit und Freiheit, auf der anderen ordnete er alles zurückhaltlos den Vorschriften der Bibel unter. Er war durchaus ein Puritaner, aber ein schwieriger für seine Bundesgenossen: er lehnte die Dreieinigkeit ab, er wollte eine freie Presse für alle, er kämpfte um die Ehescheidung und sprach sich aus für die Polygamie, und er ging in den letzten Jahren seines Lebens in keine Kirche mehr, enttäuscht von dem Bruch der puritanischen Revolution, der er als Politiker und Dichter gedient hatte, a bourgeois revolutionary.
Paradise Lost
»Paradise Lost« dessen erste Konzeptionen weit in die Frühzeit der puritanischen Revolution hineinreichen, wurde tatsächlich 1658 begonnen, 1667 veröffentlicht. Bis 1728[1] wurden dreitausend Exemplare verkauft.

Eine Angabe des Inhalts:
PL ist aufgeteilt in zwölf Bücher. Im I. Buch teilt Milton den Plan seines Epos mit: des Menschen Ungehorsam und der Verlust des Paradieses. Darauf folgt eine Beschreibung Satans der die Ursache sei dieses Unglücks. Satan habe sich gegen Gott erhoben und sei mit seinen Anhängern aus dem Himmel gewiesen worden. Sie fallen in eine wüste Gegend namens Chaos oder Hölle. Nachdem sie sich von ihrer Betäubung erholt haben, erinnert Satan an das Gerücht, Gott beabsichtige eine neue Welt zu schaffen und eine neue Art Lebewesen die darauf wohne, und Satan schlägt als Rache vor, man solle dies neue Wesen zur Sünde verleiten. Darüber wird eine Beratung gehalten in dem Pandaimonium dem Palast Satans der wie durch Zauberei der Erde entsteigt.
Buch II. Im Ergebnis der Konferenz beschliesst Satan die gefährliche

1 Johnson schrieb versehentlich 1628.

Reise zu unternehmen. Er überwindet mit einiger Mühe die Torwächter der Hölle, die da sind der Tod und des Todes Mutter die Sünde.
Buch III. Gott der Vater hält Satan zurück und beklagt das Elend das Satan über die Welt bringen werde. Gott der Sohn bietet sich als Lösegeld an, während der Geist des Übels eine Verkleidung annimmt und entweicht, auf der Sonne ankommt, wo er sich von Uriel dem Engel dieses Planeten informieren lässt über die Möglichkeiten sich der Welt zu nähern.
Buch IV. Satan findet den Weg zum Paradies, sitzt dort als Wasserrabe (Kormoran) auf einem Ast des Lebensbaumes, und betrachtet die Schönheiten des Gartens sowie die Abendruhe Adams und Evas nach der Arbeit. Buch V erzählt die Ereignisse des folgenden Morgens: Eva hat böse Träume gehabt. Adam tröstet sie, Morgengebet, sie gehen an die Arbeit. Der Rest dieses Buches und sämtlichen drei folgenden (VI, VII, VIII) sind ausgefüllt mit einem Gespräch zwischen Adam und Raphael, der den Menschen warnen soll.
In Buch IX kommt Satan der von den Wächterengeln vertrieben worden war nächtlich als Nebel zurück, nimmt die Gestalt einer Schlange an. Am Morgen schlägt Eva vor an diesem Tage getrennt zu arbeiten, wodurch die Schlange Satan Eva zum Essen der verbotenen Frucht bewegen kann, Eva gibt Adam [davon].
Im X. Buch wird beiden das Urteil gesprochen. Sünde und Tod banen eine Strasse zwischen Erde und Hölle, über die zunächst Satan im Triumph zurückkehrt, aber er selbst und die anderen gefallenen Engel werden in Schlangen verwandelt.
Buch XI. Adam und Eva bereuen, und bitten um Vergebung. Gott glaubt ihnen ihre Reue, lässt sie aber trotzdem durch den Erzengel Michael von dannen geleiten, wobei Michael ihnen die Folgen ihrer Tat voraussagt, in
Buch XII. sie aber mit der Hoffnung auf Erlösung tröstet.
Dies der Inhalt.
Herr Prof. Luther hat in seinem Vortrag darauf hingewiesen dass man bei einer neueren Interpretation von PL ausgehen müsse von dem Grundgedanken der puritanischen Bewegung der Miltons An-

liegen ebenso war: von dem Gedanken der Reform, der Rückkehr zu einer Welt die purer war als die vorgefundene.
Wenn aber auch der Kampf des englischen Bürgertums ausgefochten wurde unter puritanisch-religiösen Vorwänden, so müsse doch bei der Realisierung des hier unzweifelhaft vorhandenen Symbolgehalts vorsichtig vorgegangen werden. Der Himmel sei nicht Symbol, wiewohl er der Himmel des Puritanertums sei. Wohl aber könnten Satan und seine Mannschaft, »Satan and his crew be identified with the chevaliers who fought against order and are ready to take arms again against law, who are powerfull and clever in all minds of double dealing«: vermutet wird hier ein Bezug auf die Haltung der Aristokraten während des Commonwealth.
Während diesem nun den Menschen zu schützen das Prinzip des Guten als Demokratie gegenübergestellt werde. Und dieser Wert sei gerade verteidigt durch die Fortsetzung der epischen Tradition den Feind mächtig-willenskräftig und sogar bewunderungswürdig zu zeigen.
In diesem Sinne wünschte Milton als Lehrer seiner Nation zu gelten, die das Königreich Gottes und die puritanische Demokratie tatsächlich verwirklichte. Dann aber auch sollte PL beherzend und bedeutsam sein für die ganze Menschheit, die Puritaner eingeschlossen, ohne dass seine Rolle als National-Epos eingeschränkt wurde.

Zweiter Teil:
Das Dorset Garden Theatre

a) Thomas Otway lebte von 1652 bis 1685
Thomas Otway, geboren am 3. März, kam aus dem Hause des Rektors einer Bezirksschule in der Grafschaft Sussex. Nach einem allgemeinen Schulunterricht wurde er, 18jährig, aufgenommen in das Christ's Church College in Oxford, das ist auch die theologische Fakultät, und ihm war eigentlich die kirchliche Laufbahn vorgeschrieben; aber der Tod des Reverend Humphrey Otway zu dem der Sohn bemerkt: er habe ihm kein anderes Erbe hinterlassen als

seinen Glauben und seine Loyalität – dieser Tod, oder wenn man will: solches Erbe veranlasste Otway Oxford ohne Examen und Grad zu verlassen, er ging nach London.

Am Dorset Garden Theatre, dem er dann zehn Jahre lang treu blieb, versuchte er zunächst als Schauspieler zu arbeiten, der erste Auftritt misslang durchaus und war der letzte, darauf begann er Stücke zu schreiben. In dieser ersten Londoner Zeit verkehrte er in den Kreisen der Londoner Aristokratie die sich von der puritanischen Diktatur am Theater erholte. Mit dem Earl of Plymouth verband ihn tatsächlich eine aufrichtige Freundschaft. 1675 wird Otways erstes Stück gedruckt, eine Alkibiades-Tragödie ohne weitere Bedeutung, das folgende »Don Carlos« – das wie Schillers zurückgeht auf die Novellen des Abbé St. Réal – erreicht Erfolg. Dies sind gereimte heroische Stücke die dem französischen Modell folgen.

1677 erscheinen zwei Übersetzungen aus dem Französischen: Tite et Bérénice von Corneille, und Scapins Streiche von Molière.

Von ausserordentlicher Bedeutung für das Leben Otways war seine Liebe zu einer Schauspielerin Mrs. Barry die berühmt wurde mit den Stücken die er für sie schrieb, ihn aber nicht wiederliebte. Welchem Umstand die Weltliteratur sechs sehr unglückliche Liebes-Briefe verdankt. Mrs. Barry liebte aber Lord Rochester, der sich darin gefiel recht willkürlich Dramatiker und ihre Stücke zu protegieren, und viel Geld auszugeben denn er hatte es. Otway hatte es nicht. Aus diesem Grunde auch ging er 1678 in einem Dragoner-Regiment nach Flandern, die Truppe wurde aber bald aufgelöst, während ihre Löhnung durch Zwischenhändler veruntreut worden war. Otway kam in ziemlich erbärmlichem und mutlosem Zustand nach London zurück, und schrieb weiter. Er stritt sich literarisch mit dem Lord Rochester.

1680 veröffentlicht er ein Stück (»Caius Marius«) das ausführlich und freimütig »Romeo und Juliet« plagiert, und die Stelle des Originals auf der englischen Bühne mehr als siebzig Jahre behauptet. 1678 war auch eine Komödie entstanden, »Friendship in Fashion«.

1680 wurde Otways neben »Venice Preserved« bedeutendstes Stück »The Orphan« aufgeführt. Voltaire griff es heftig an, besonders die »Zärtlichkeit« des Autors bemängelnd, während die englische Öffentlichkeit sich empörte gegen die Immoralität des Stükkes.

Die im übrigen durchaus im Zug der Zeit lag: Charles II, aus seinem französischen Exil zurückgekehrt, hatte die puritanische Ordentlichkeit sofort allen Angriffen ausgesetzt die seine französischen Erfahrungen hervorbringen konnten. Und der jahrelange Reinheitszwang der Republik forderte unter der Restauration eine Zügellosigkeit in sexuellen, sozialen Verhältnissen heraus. Korruption und Veruntreuung Verrat regierten. Wogegen der Fanatism der Puritaner vorsichtig eiferte. Die Aristokratie erholte sich am Theater wie am Hofe wie in der Wirtschaft; die Puritaner sahen sich, vorläufig, in ihrem persönlichen Bereich beschränkt, politischer Wirksamkeit enthoben.

Nach »The Soldier's Fortune« von 1681 wurde 1682 das grösste Drama Otways aufgeführt, Venice Preserved, or: A Plot Discovered. Ich mache hier schon aufmerksam auf so merkwürdigen Titel: der einen Anschlag (a plot) von vornherein als gescheitert, Venedig von vornherein als »gerettet« bekanntgibt.

Die Dramen Thomas Otways wurden wohl in der Mehrzahl gut aufgenommen, aber hatten unter seinen Freunden, und hat ihm noch in der englischen Literaturgeschichte, den Spitznamen »Poor Otway« [eingebracht]. Das Theater war in jener Zeit kein Unternehmen allgemeinen Interesses; viele wurden noch von puritanischen Skrupeln zurückgehalten, andere von der Offenheit die damals modern war und die sie Unanständigkeit nannten. Das beliebteste Stück konnte sich nicht lange auf der Bühne halten. Dazu: zu Otways Lebzeiten hatte der Autor nur einen Anspruch auf den Ertrag der third performance, der dritten Vorstellung, der unter den geschilderten Umständen nicht gering war. Andererseits: die Buchhändler bezahlten beispielsweise für das Copyright von »Venice Preserved« fünfzehn Pfund. Otway hatte oft seine third night verpfändet.

Eine viel ausgenutzte Möglichkeit waren noch Prologe und Vorreden, die die solcherart geehrten Persönlichkeiten mit Guineen bezahlten, auch solche Anlässe wie ein Thronwechsel. Otways Gedichte, seine Gedichte solcher Art, sind sämtlich von Übel. Für die Literatur, glücklicherweise.

Aufgerieben von der sieben Jahre lang bewahrten und unerfüllten Liebe zu jener Mrs. Barry zermürbt von dauernder Geld-Not, begann Otway zu trinken. Er zog sich schliesslich vor der Meute seiner Gläubiger in ein übel verschrienes Haus zurück, wo er, am 14. April 1685, gestorben sein soll. Soll: man erzählt da verschiedene Geschichten. In denen beständig wiederkehrt er sei an Hunger gestorben.

Für alle diese Fassungen aber trifft zu dass die Aristokratie für die sich Otway jedenfalls entschieden hatte, einen Künstler verriet der nicht hätte nach 33 Jahren sterben müssen, und nicht auf solche Weise.

b) das »heroische Drama« der Restauration

Unter dem Commonwealth von 1642 bis 1660 waren sämtliche Theater geschlossen, aber zuweilen wurden musikalische Aufführungen privater Art gestattet. Unter diesen hat »The Singer of Rhodes«, eine heroische Geschichte mit musikalischer Umrahmung von Sir William D'Avenant eine besondere Bedeutung, denn dies Stück legte die Hauptrichtung der englischen Restaurationstragödie fest und begründete die englische dramatische Oper.

Zum Drama.

Dass John Dryden (1631-1700) der der Tradition seiner Familie entsprechend Puritaner war, mit der Restauration sich in einen Royalisten wandelte, für James II. dann katholisch und poeta laureatus wurde, durch die Revolution seiner Ämter enthoben, dass dieser John Dryden in bestimmter Abbey begraben wurde, verdankt er seinen Versen. Dryden schrieb Versdramen, literarische Satiren, philosophische Gedichte, Fabeln und Dithyramben für den Katholizism – John Dryden war der eigentliche Schöpfer dieses heroischen Dramas. Er erwählte aus dem Konflikt des erwähnten

Musik-Dramas von D'Armant ein dramaturgisches Schema heraus das so aussieht: die Ehre der handelnden Personen, für den Helden also Treue, Mut, Ritterlichkeit, für die Heldin etwa Keuschheit Beständigkeit Grossmut – diese Ehre wird durch die Leidenschaft der Liebe in Frage gestellt. Lösung solchen Konfliktes besteht im Sich-Bewähren. Das nach solcher Vorschrift gearbeitete Drama »Indian Queen« 1664 begründete eine Theater-Mode die etwa zwei Jahrzehnte lang anhielt und an der sich die bedeutenden Dramatiker der Zeit beteiligten, da wären zu nennen diese: Elkanah Settle Nathaniel Lee und Thomas Otway. Abgesehen nun von einigen grossen Stücken (grösser als das Schema) haben alle diese Dramen eine beschämende Ähnlichkeit miteinander, denn wenn sich der Held einfach bewährt, kann er sich nicht entwickeln, noch erschüttert werden, sein Tod ist oft schwierig herbeizuführen, also ist eine Handlung und ein Held im allgemeinen wie die und der andere.

Hatte Dryden etwa ein Jahrzehnt lang versucht: seine Dramen in Reimversen zu schreiben, die Sprache durch ausserordentliche Kostbarkeit vom Alltäglichen abzusetzen, und die Eintönigkeit des Schemas durch vielfältige Handlungszüge (mehrere Leidenschaften seiner Helden) überraschende Verwicklungen zu überwinden – so versucht er 1677, mit seinem grössten Drama »All for Love« sich auf eine einfachere Haltung zurückzuziehen. »All for Love«, die Antonius-Kleopatra-Tragödie, ist bei Dryden nun örtlich/zeitlich/thematisch straff zusammengefasst, die Personen haben nur eine einzige Willensrichtung und sprechen gemessen und würdig. Diese Manier bereitet zweideutig den späteren Klassizismus vor, andrerseits herrscht in »All for Love« eine Freiheit und dramatische Lebendigkeit der Charakterzeichnung (wie ich gelesen habe) die sich wieder an Shakespeare annähern. Und diese Annäherung an das Drama Shakespeares wurde besonders von Nathaniel Lee und Thomas Otway erreicht.

Womit wir am Ende des Programmheftes angelangt wären, und die Aufführung beginnen könnte.

c) Venice Preserved, or: A Plot Discovered
(Aufführung / Quelle / Vorrede / Personen), ein Drama in fünftaktigen jambischen Blankversen wurde geschrieben und aufgeführt im Jahre 1682, aufgeführt auf dem Dorset Garden Theatre von der Truppe des Herzogs von York.
Die Fabel ist entnommen der historischen Novelle des Abbé St. Réal »Die Verschwörung der Spanier gegen Venedig von 1618«; die Forschung ist sich nicht einig darüber ob es nun wirklich Spanier oder vielmehr Franzosen waren. Die Republik Venedig hat diesen ärgerlichen tatsächlichen Zwischenfall so dunkel wie möglich gehalten. –
Zunächst hat das Stück noch eine lange Widmungsrede, To Her Grace the Duchess of Portsmouth, diese ist nicht schön zu lesen, sie ist gerichtet an eine der Mätressen des Königs Karl II. über deren luxuriöse Lebensführung ganz London murrte, und da steht etwa: »Vergebt mir immerhin, Madama, dass ich (wie ein armer Bauer einst einem Herrscher einen Apfel zum Geschenk machte) – dass ich diesen geringen Tribut, die demütige Frucht meines kleinen Gartens ... zu Euren Füssen lege.« Folgt eine Lobpreisung, alles in allem wohl zehn Guineen, endet: »Madame, Euer Gnaden völlig ergebene Kreatur Th. O.«.
Wir kommen jetzt zum Apfel selbst, für den schon jener Herrscher so viel Verständnis hatte:

Es betreten 36 Personen die Bühne, von denen die wichtigsten sind:

PRIULI, Senator.
BELVIDERA, dessen Tochter und Geliebte des
JAFFIER, nicht Senator aber Bürger.
PIERRE, ein Freund Jaffiers, Offizier.
AQUILINA, bekannte »Kurtisane«, einst Geliebte Pierres.
ANTONIO, auch Senator.

Dazu kommen noch acht die sämtlich als Verschwörer bezeichnet werden, weitere Vertreter des venetianischen Staates, Dienerinnen und andere.

Die Handlung.
Ich löse die Exposition in Vorgeschichte auf: Jaffier, ehemals ein Vertrauter des Senators Priuli, hat dessen Tochter entführt, lebt seit zwei Jahren mit ihr, und bemüht sich, dieser Senatorentochter Belvidera weiter die Lebensumstände zu bieten die im Haushalt eines Senators selbstverständlich sind. Priuli verfolgte diese unanständige Verbindung mit wirtschaftlichen Repressalien aller Art und schreibt endlich, als die Schulden Jaffier und Belvidera über den Kopf gewachsen sind, einen Pfändungsbefehl aus.
Das Drama setzt ein mit einem Streitgespräch zwischen dem Senator Priuli und dem Bürger Jaffier, der sich und seine Verbindung mit Belvidera rechtfertigen möchte und um Unterstützung bittet, da er anders in völlige Verarmung absinken werde. Priuli zeigt sich durchaus unzugänglich, und verflucht Jaffier wie seine Tochter.
Der verbitterte und erbitterte Jaffier trifft einen Freund Pierre, der in allgemeiner Empörung die Not der venetianischen Bürger und ihre Unterdrückung durch den Senat anklagt. Es ergibt sich als Anlass solchen Hasses: die Geliebte Pierres (Aquilina) hätte ihn verlassen um eines sehr reichen Senators willen. Pierre war Offizier der Republik Venedig, seine Beschwerde gegen Antonio wurde vom Senat als Verletzung des Privilegs geahndet. Auch bei Jaffier wird die private Wut zur allgemeinen Empörung, und Pierre weiht ihn ein in eine Verschwörung gegen die Republik, der den Senat stürzen und allgemeine soziale Gerechtigkeit herstellen will.
Die Mitglieder der Verschwörung, besonders ein Renault haben ein gründliches Mißtrauen gegen Jaffier, und er muss seine, sehr geliebte, Belvidera als Geisel übergeben, muss versprechen sie bis zum Ende des Aufstands nicht zu sehen, und ihr die Verschwörung nicht zu entdecken.
Jaffier geht am nächsten Tag doch zu Belvidera, die macht ihm heftige Vorwürfe, wirft ihm Nachlässigkeit/Entfremdung vor, verlangt Aufklärung, bekommt sie.
Jaffier, dem das Vorhaben des Aufstands ohnehin unheimlich ist, wird noch zwiespältiger durch eine Mitteilung Belvideras: Renault habe während der vorigen Nacht versucht sie zu vergewaltigen. –

Pierre vermag Jaffiers Empörung auf später zu vertrösten. – Renault wirkt in der Verschwörung gegen Jaffier.
Während Belvidera auf das Äusserste erschüttert ist und empört von der Nachricht über eine Verschwörung.
Im IV. Akt führt Belvidera, die Senatorentochter, Jaffier in die Sitzung des Senats, Jaffier wird von seiner Liebe zu ihr gezwungen das geschehen zu lassen, auf die Frage der Senatoren wer er sei antwortet er: ein Schuft. Er bittet sich das Leben Pierres und seiner Mitverschworenen aus, diese Bedingung nimmt der Senat schwörend an, Jaffier teilt den Plan der Verschwörung mit.
Pierre der nun mit seinen Kameraden gefesselt hereingeführt wird, wehrt sich den Verrat Jaffiers zu glauben, begreift, schlägt Jaffier. Pierre und die übrigen Verschworenen werden zur Hinrichtung geführt.
Jaffier erfährt dies, trennt sich nach ausführlicher Versicherung seiner Liebe von Belvidera, geht zum Platz der Hinrichtung und besteigt zusammen mit Pierre das Schafott, versöhnt mit ihm. Belvidera, wieder in ihres Vaters Hause, sieht Jaffiers und Pierres Geister blutüberströmt erscheinen, stirbt an diesem Anblick. Am Schluss steht als tragisch der Senator Priuli, der beschliesst in die Einsamkeit zu gehen, und an seiner Geschichte alle grausamen Väter um Einsicht bittet.
Eine Nebenhandlung wird getragen von der abtrünnigen Geliebten Pierres Aquilina, die um Pierre wiederzugewinnen darauf verzichtet dereinst die reiche Witwe des Senators Antonio zu werden, die Antonio aus dem Hause jagt, Pierre ihr Haus für die Zusammenkünfte der Verschwörer zur Verfügung stellt, und schliesslich das Leben Pierres von Antonio verlangt, anderenfalls sie ihn töten werde, den Antonio.

d) Bemerkungen zum dramatischen Plan
Es kann hier nicht die Rede sein: dies Drama bezöge seine Spannung aus der Heimlichkeit und Lebensgefahr einer Verschwörung. Es kommt hier gar nicht an auf aufregende Situationen und plötzliche Wendungen des Ablaufs, der grösste Teil der Handlung wird

eingenommen von Reden, von erhabener Rhetorik die nicht selten an Beispielen aus der römischen Geschichte sich entlangzieht. Tatsächlich ist eine ausserordentliche Spannung wirksam in »Venice Preserved«, wirksam aus dem Wesen einer bürgerlichen Opposition, und daraus dass diese Opposition, sehr merkwürdiger Weise, scheitert: scheitern muss.

Hugo von Hofmannsthal hat in seiner Bearbeitung von »Plot« ganz eindeutig nicht Jaffier und Belvidera, sondern den Offizier und Revolutionär Pierre in den Vordergrund gestellt, in den Mittelpunkt der Handlung gerückt, hat herausgearbeitet was bei Otway noch verhüllt neben einander läuft: gerade Jaffier und Belvidera dienen dem Untergang Pierres [als] eines bürgerlichen Empörten.

Pierre ist ein verdienstreicher Offizier der Republik Venedig. Er hatte seine Geliebte, Aquilina, die ihm untreu wird wegen eines Senators (Antonio), dies ausdrücklich weiss »the beast has gold, that makes him necessary«, und weil diese Aquilina gern die trauernde Witwe eines reichen alten Mannes spielen möchte. Pierre der abgedankte Offizier legt im Senat Beschwerde ein gegen jenen Antonio, diese Beschwerde wird ihm als Verletzung des Privilegs verwiesen. An dieser Stelle fällt ihm auf dass etwas nicht in Ordnung ist an solcher Erledigung, und fällt ihm auf dass überhaupt etwas faul ist im Staate Venedig. Daraus entsteht eine recht nüchterne Sprache die in bemerkenswertem Gegensatz steht zu dem Pathos Jaffiers der Mitleid mit sich selbst hat:

JAFFIER: Sicherlich bist du ehrbar?
PIERRE: Man hält mich in der Tat dafür,
jedoch man irrt sich da: ich bin ein Schuft so gut wie sie,
ein feiner heitrer, kükengesichtiger Schuft wie du mich siehst.
wohl bezahl ich meine Schulden gegen Schuldschein,
bestehle keinen, zerschneide keine Kehle,
zur Börse eines grossen Mannes zu gelangen
oder in einer Hure Börse; ich werde nicht meinen Freund
verraten

für seinen Platz oder für sein Glück; ich versuchte es zu schmeicheln
einem aufgeblasnen Dummkopf über mir,
oder die Bedrückten unter mir zu treten.
Jedoch Jaffier: bei alledem bin ich ein Schurke

JAFFIER: Ein Schurke??

PIERRE: Jawohl, ein abgefeimter Schurke:
ich sehe meiner Mitmenschen Leiden /
und nenne mich einen Mann;
sehe unsere Senatoren / das verführte Volk mit einer Farce von Freiheit
betrügen, / von der sie niemals kosten müssen. /
Sie sagen durch sie sein unsere Hände frei von Fesseln, /
doch wen sie belieben legen sie in tiefste Gewölbe, /
wen sie belieben bringen sie in Not und Verruf. /
sie treiben uns wie Wracks den rauhen Strom der Macht hinunter /
und bleibt kein Halt vorm Untergange uns zu retten /
die dies ertragen die sind Schurken, und ich bin einer /
dass ich den grossen Ruf der Natur nicht erhebe und diese Brut serviler Verderber zertrete, /
die uns zu Sklaven machen. /
und sagen, das sei unser Beruf.

Es ist einem solchen durchaus zuzutrauen dass er eine Verschwörung organisiert, und zuzutrauen ist ihm die Kraft seiner Ziele in genau der Gerechtigkeit zu verwirklichen die sich bis jetzt vermissen lässt – aber es hat etwas sehr Bedenkliches, wenn er in ein derart gewichtiges Unternehmen einen Mann hineinziehen möchte bei dem er auf nichts weiter vertrauen kann als auf eine Freundschaft.
Wer ist dieser Jaffier?
Jaffier war ehemals ein Günstling des Senators Priuli, begann aber dessen Tochter Belvidera zu lieben und sah sich gezwungen sie zu entführen; lebte seitdem etwa zwei Jahre lang mit ihr, stets bemüht

seinen Hausstand auf einer Höhe zu halten die einer Senatorentochter angemessen war, lebte zugegebener Massen gegen die Verfolgungen und Repressalien von Seiten der herrschenden Schicht, wagte er für seine Leidenschaft einzutreten – aber Jaffier geht zu Priuli dem Senator, als ihm seine Schulden über den Kopf gewachsen sind, und bittet den Priuli um Geld, damit er, allerdings ein Bürger, eine ehemalige Senatorentochter so behandeln kann als sei sie es noch immer, und nicht die Frau eines Bürgers.

Natürlicher Weise erreicht er bei Priuli nur wildeste Verfluchung und Ungemach, und hier beginnt seine Empörung, und hier trifft er auf Pierre; das sehr Bedenkliche seiner Haltung liegt aber darin dass seine Wut nicht hinausreicht über persönlich erlittenes Unrecht, dass er stets und immer nur seine persönliche Rache will an Priuli, und sobald seine Einsicht einmal weiter zu gehen beginnt wird er durch seine Belvidera wieder zu sich selbst zurückgezogen, auf seine persönliche Interessen beschränkt. Hinzu kommt noch dass er sich für einen Schwächling hält und sich so behandelt, dass er also jeder Rücksicht auf Belvidera nachgibt, und im übrigen beklagt dass Gott ihn so weich geschaffen habe und nicht für sein Schicksal passend (hart entschlossen unbeirrbar), beklagt dass er die Schmach fühle die ihm angetan sei.

Belvidera nun, von der oftmals gesagt wird sie sei schön, Belvidera die sich gelegentlich eines Schiffsunglückes von dem Günstling ihres Vaters retten lässt und sich in ihn verliebt, die dann mit diesem Jaffier davongeht in selbstverständlicher Opposition gegen Standesrücksichten – diese Belvidera treibt es nun nicht so weit mit der Opposition dass sie verzichten möchte auf Aufwartung und Dienerschaft, und sie tritt noch nach der Pfändung mit Begleitung auf, weinend. Belvidera ist, wie Jaffier, angelegt als erhabener und erschütternder Charakter, und zweifellos hat es sein Sympathisches wenn sie (in genauem Bewusstsein allen Leides das ihr ihr enttäuschter Vater zugefügt hat) – wenn sie es dennoch nicht ertragen kann ihn sich tot / ermordet vorzustellen, wenn sie also Jaffier zwingt den Plan der Verschwörung zu entdecken – zweifellos hat das eine anerkennenswerte Menschlichkeit, und zweifellos geht daran eine nicht eben unmenschliche Sache zugrunde.

Dies ist die (oben erwähnte) Merkwürdigkeit, dies ist ein durchaus merkwürdiger Widerspruch: hier schädigt eine Bürgerlichkeit die andere, und das zu Gunsten eines vernichtenswürdigen Feindes. – Es geht natürlich nicht an von Jaffier zu verlangen er solle, statt auf die Bande der Natur Rücksicht zu nehmen die seine Belvidera trotz vielem noch mit einem Senator verbinden, er solle statt dessen das Geheimnis des geplanten Aufstandes für sich behalten, und sich Pierres Freundschaft würdig erweisen: das geht nicht an. Weil eben dieser Verrat Jaffiers als etwas immerhin auch Anerkennungswürdiges gestaltet ist, nämlich als ein Beweis seiner Liebe zu Belvidera, und andererseits gestützt ist durch die vielberufene Weichheit seines Charakters.

Ich meine dass diese Verwirrung der Motive auf etwas anderes zurückzuführen ist, nämlich auf das vorhin dargelegte Schema der Restaurationsthematik. Das Schema ist das Übel dieses Stückes, und sein Gerüst. An dem sich Otway festzuhalten scheint um nicht zur sehr bürgerliche Sympathien über seine royalistische Ideologie siegen zu lassen; in das Wirklichkeit hineingezwängt wurde: die Ehre eines Mannes wird durch die Leidenschaft der Liebe in Frage gestellt, und gelöst wird der Konflikt in der Bewährung der Ehre. Wohl, aber diese Ehre muss ja mit irgend etwas verbunden sein, und hier ist sie untrennbar von einer Verschwörung, einem durchaus sozial gerechten Vorhaben – um das es überhaupt eigentlich geht –, und es ist zu fragen, ob diese mit dem Gelingen der Verschwörung bedingungsweise gekoppelte Ehre hätte so gründlich in Frage gestellt werden dürfen.

Denn was da hätte beseitigt werden sollen, erscheint der Beseitigung äusserst würdig. Da ist einmal die masslos übersteigerte Grausamkeit des Senators Priuli der seiner unstandesgemäss verehelichten Tochter wünscht:

PRIULI: Du stahlst sie mir; stahlst sie wie ein Dieb: ...: und möge alle deine Freude an ihr sich falsch erweisen wie die meine / ein taubes Glück, ein unfruchtbares Bett sei für euch beide! Dauernder Zwist soll euch Tage und Nächte voll Bitterkeit und Kummer bringen, die harte Hand mühselger Not bedrücken und zerquetschen euch, bis ihr zuletzt den Fluch des Ungehorsams als einen einzigen Lohn erfindet.

JAFFIER: Die Hälfte deines Fluches ist vergebens, der Himmel hat unsere treue Liebe schon belohnt mit einem Knaben, lieblich in der Schönheit seiner Mutter: und mag er sich in seinem Leben edler erweisen als sein Grossvater, und glücklicher als sein Vater!

PRIULI: Eben leben um dich zu schlagen um
sein Brot, dein Ohr zu betäuben mit
Hungerschreien, während seine unglückliche
Mutter sitzt und weint in Bitterkeit
vergebener Wünsche!

JAFFIER: Ich wollt ich wär in meinem Grabe!

PRIULI: Und sie mit dir, denn lebend
seid ihr verfluchte Erinnerungen dass ich einst
glücklich war.

Priuli beschliesst seine Wünsche:
Zieht euch in irgendein Vorstadthaus zurück,
werkt verfluchtes Leben zu erhalten, erzeugt
Kinder und hungert. Nach Hause, nach
Hause, sage ich.

Die ist nicht schön anzuhören, und ebensowenig sind es die Reden des Herrn Senators Antonio, der sich bei Aquilina auf eine Weise bewegt die den Begriff von Senatorenwürde nachhaltig erschüttert: er stammelt verrückt lüsternes Zeug, begegnet den Anwürfen Aquilinas mit unerschütterlichem Zynism, spielt einen Bullen um Aquilina freundlicher zu stimmen, sodann mit besonders akustisch zufriedenstellender Wirklichkeitstreue einen Hund, und als er endlich unter dem Tisch sitzt und Aquilina ins Bein beisst, treibt sie ihn mit einer Peitsche aus der Tür, lässt ihn durch Bediente aus dem Hause werfen. (Diese Darstellung ist selbstverständlich übertrieben, einmal vielleicht um dem Parkett etwas zu bieten und den Handlungs-

ablauf aufzulockern; zum anderen ist das eine etwas zu deutlich geratene Satire auf einen zeitgenössischen | Politiker).
Der ganze Senat ist, in »Venice Preserved«, dargestellt als eine Versammlung von Feiglingen, von ehrenrührigen Feiglingen die ohne Wimperzucken Jaffier das Leben seiner Mitverschworenen zusichern, und unmittelbar darauf die Exekution anordnen.
Und eben das ist fragwürdig: ob die Ehre die mit Beseitigung solcher Gestalten steht und fällt so gründlich hätte in Frage gestellt werden dürfen, dass unerträgliche Zustände bestehen bleiben, und allenfalls Gelegenheit geben im Untergang Seelengrösse zu beweisen.
Denn das geschieht nun durchaus. Jaffier der von dem Wortbruch des Senats erfuhr trennt sich von Belvidera, indem er erklärt er liebe sie, und versöhnt sich mit Pierre der seinerseits ihn um Entschuldigung bittet für die Ohrfeige, als wiederversicherte Freunde besteigen sie das Schafott.
Aquilina versichert Antonio töten zu wollen und wird es wohl auch tun; Belvidera fällt oftmals in Ohnmacht, und gibt beim Anblick der blutüberströmten Geister Pierres und Jaffiers das Leben auf; sogar der Senator Priuli, zunächst glücklich der Schande enthoben Jaffier als seinen Schwiegersohn nun doch anerkennen zu müssen, Priuli verwandelt sich anlässlich des Todes seiner Tochter in einen einsichtig moralisierenden Bereuenden, und gelobt Einsamkeit und Besinnung, bittet um Beherzigung seines Beispiels –
und wenn auch der Offizier der die Exekution überwacht ausruft: möge auch mich der Himmel so tapfer sterben lassen –: es bleibt der Eindruck hier sei mit unangebrachten Mitteln Tragik hergestellt worden (bei Priuli sogar auf der durchaus falschen Seite): indem nämlich bürgerliche Ideen wie Ehre Freundschaft Liebe hochgehalten und aristokratischer Unwürdigkeit entgegengehalten werden; Ideen hochgehalten aber tatsächliche Aktionen geleugnet werden. So weit geleugnet werden dass am Ende wirklich die Falschen tot auf der Bühne liegen.

| Sir Ashley Cooper royalist, puritan M. P., restaurator, torry, whig.

»Venice Preserved« ist in einem verzweifelt typischen Sinne ein Drama aus der Zeit von 1660 bis 1688, das Drama eines Bürgers der meinte Royalist zu sein, das Drama eines Bürgertums das sich als berechtigt empfand (und als berechtigter) aber nicht den Mut hatte und nicht die Möglichkeit dies sich tatsächlich zuzugestehen und praktisch zu verwirklichen.

Das Leben Franz Kafkas

(Referat für das Seminar zu der Vorlesung
von Herrn Prof. Dr. Mayer
»Deutsche Literatur im Kaiser-Reich«)*

Das Leben Franz Kafkas

Das Leben Franz Kafkas geschah in der Zeit von 1883 bis 1924, der Zeit die liegt zwischen der kriegerischen Aufbereitung des deutschen Imperialismus und dem Höhe-Punkt der Inflation.
Das Leben Franz Kafkas war aber angelegt als ein durchaus empfindliches, und als eine schreibende Weise des Lebens, beschlossen in sich und seinen Umständen, und abhängig davon in besonderem Masse. Kindheit und Jugend waren, und mussten sein, die bestimmenden Eindrücke solcher Sonder-Existenz.
Das Kafka-Haus in Prag war das eines Geschäftsmannes der sich gerechtfertigt sah nur in einem Streben nach Erwerb und wirtschaftlichem Fortkommen, einem Streben dem alles diente: Ausrichtung der Familie, wie gesellschaftliche Konvention die bis zum wirklich angepassten Judentum ging. Ein Vater also der der leicht verwirrten, und gründlich unpraktischen, Existenz schon eines Kindes Misstrauen zukommen liess und Billigung versagte wo er nur konnte: in der Meinung er erziehe sein Kind, seinen Sohn; ohne die Ahnung er beleidige hier auf eine grausame und nicht zu verwindende Weise. Der Einfluß der Mutter, die aus einer Familie kultivierten Judentums stammend und feinfühliger, blieb nahezu unwirksam in einem Hause das sich dem Vater aufs Wort unterordnete, zu den drei Schwestern ergaben sich (vorerst) | keine Bindungen, noch weniger zu den Mitschülern am deutschen Staatsgymnasium in Prag das Franz Kafka von 1893 bis 1902 be-

* Uwe Johnson hatte dem eingereichten Referat folgenden Text vorangestellt: Ich bitte um Entschuldigung: ich bin gezwungen das Referat in handschriftlichem Zustand einzureichen, da ich keine Schreibmaschine besitze, und sämtliche mir bekannten Prüfungen vorbereiten. | 1893-1902.

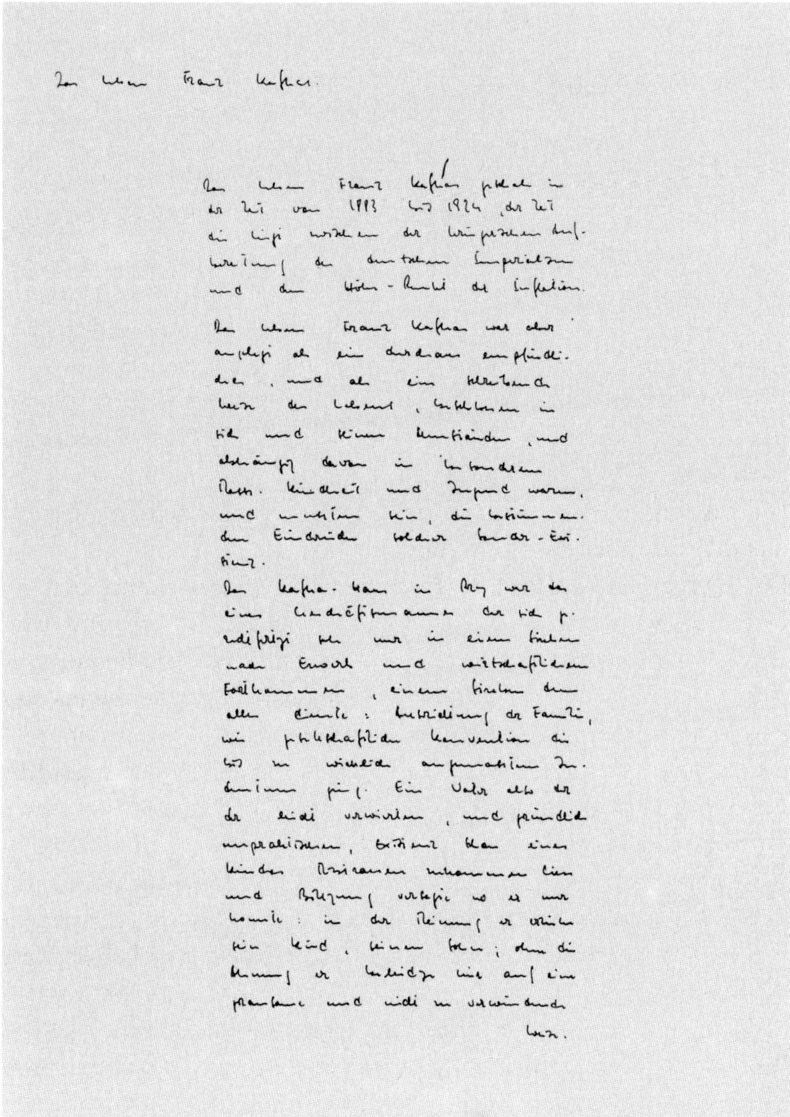

1. Seite des handschriftlichen Referates *Das Leben Franz Kafkas*

suchte, ein guter, unsicher bemühter Schüler. Es war eine einsame Kindheit, mit viel Lesen und unablässiger Schwächung. Sehr würdelos durch eine Lebensordnung die unverständlich war und nicht einzusehen, und die nicht versäumte durch ihre Andersartigkeit zu kränken, denn sie bedeutete Anständigkeit, Nützlichkeit, und war unmöglich.

Diese quälende Bindung löste sich nicht mit dem | Beginn des Hochschul-Studiums, denn Kafka studierte in Prag. Er studierte im Auftrage seines Vaters der nicht nachliess ihn erziehen zu wollen zu Erwerbssinn und zu dem Bourgeois der er war. Mühselige, belastende Anforderungen an ein Leben dem doch daran gelegen war erst einmal seiner (selbst) inne zu werden, sich überhaupt zu verwirklichen. Die Bindung riss nie und hätte sich vielleicht vollziehen lassen in grosser Ehrfurcht vor dem Vater und klarer Einsicht in die Unzuständigkeit seines Weges, und wurde nicht so vollzogen: die Familie war die bestimmende Ordnung gewesen und blieb es in einer Welt (so noch in: »Die Aeroplane von Brescia« 1909) deren Anordnung sich wohl registrieren liess, im letzten aber nicht einzusehen war und unheimlich blieb. Die Familie, insbesondere das Verhältnis von Vater und Sohn, war in Kafkas Werk wirksam als ein Hauptanliegen.

Kafka studierte, da man ihm endlich doch nicht zutraute die Leitung des Kaufhauses am Altstädter Ring fortzuführen, Kafka studierte etwas verlegen Nützliches: Jura. Das juristische Examen und die Promotion waren Voraussetzungen für die Beschäftigung in einem staatlichen oder anderem Büro, und solche Beschäftigung war geeignet ihn auszuweisen als zum Dasein berechtigt. Er hatte sich auszuweisen vor seinem Vater, und sich auszuweisen vor den Umständen des Wilhelminischen Reiches, es kam darauf an heimlich schreiben zu dürfen.

Das Aufschreiben nun dessen was durch ihn hindurch musste war wesentliches Anliegen, war eine Betätigung ausserordentlicher Andacht und Seligkeit, war Lebensweise, war Notwendigkeit – war ein in unerträglicher Weise gestörtes Bemühen: Kafka promo-

| 1902

vierte |[1] an der Universität Prag zum Doktor der Rechte, er leistete |[2] im Jahr darauf seine Gerichtspraxis, arbeitete kurze Zeit in der »Assicurazioni Generali«, |[3] trat in die prager Arbeiter-Unfallversicherung ein. Er unterzog sich hier als Beamter einer Arbeit die nicht allein die Momente des Schreiben-Könnens betäubend verschluckte, die auch die Freizeit schwächte, so dass es unvorstellbar viel psychischer und physischer Energie bedurfte: aus der Qual stumpfsinnigen Verhindertseins und der mutlosen Schwäche wieder das Leben zu erreichen.

Kafka hatte gemeint durch solche Arbeit sein Lebenswerk zu sichern, mit bezahlter Leistung sich zu verdienen dass er schreiben durfte. War dies Sicherung? War dies Sicherung eines Menschen der, an entscheidender Stelle verwundet, Sehnsucht hatte nach Natürlichkeit und Menschlichkeit des Lebens, und danach, solches zu verwirklichen? Nein: es war nicht befriedigend Akten zu bearbeiten die von grässlichen Verstümmelungen meldeten, die sich Arbeiter zuzogen infolge vernachlässigter Sicherung vor der Maschine; es war beunruhigend zu lesen von Dienstmädchen die ihre neugeborenen Kinder mit Herrenkrawatten erwürgten und in die Kloake warfen, davon in Prozessberichten zu lesen, an deren Ende Zuchthausstrafen vermerkt waren für Verzweiflung und Not eingeengten Lebens. Dies war nicht Sicherung, aber aufwühlende Momente für Franz Kafka: Baden, Gymnastik, Naturerlebnis, Wanderungen und Reisen in (zu kurzen) Urlaubszeiten waren Flucht, Bewältigung, sehnsüchtige Erholung. So gross die Schwierigkeiten waren sich selbst in Ordnung zu halten, ergaben sich für die Versuche der Liebe und Ehe verzweifelte Unsicherheit und Entscheidungsangst, quälende Verhältnisse deren Auflösung befreiend war. – Im letzten Jahr seines Lebens endlich fand er eine Lebensgefährtin in Dora Diamant, einem feinfühligen hilfreichen Mädchen aus jüdischer durchgeistigter Familie. Seit 1901 verband ihn Freundschaft mit Max Brod, ausserdem ging er um mit Franz Werfel und Oskar Pollack.

|[1]1906 |[2]1906-1907 |[3]1908

Seit 1915 litt Kafka an ernsthafter Tuberkulose, wiederholte Aufenthalte in Sanatorien besserten nicht. 1915 ergab sich endlich eine Erträglichkeit: Kafka bezog endlich ein eigenes Zimmer in Prag, gab die Stelle bei der Arbeiter-Unfallversicherungsanstalt auf, und lebte, obwohl bereits durch seine Krankheit behindert, durchaus für seine Arbeit. Aber was sollte diese (ohnehin vergleichsweise) Erträglichkeit ausrichten (ausserdem war sie vorübergehend: 1920 setzt sich die Tätigkeit und Verhinderung im Büro fort), was sollte ›Erträglichkeit‹ ausrichten gegen ein Erlebnis von solcher Grausamkeit wie es der erste Weltkrieg war, gegen ein neues Aufbäumen des Vaters. | Dagegen, gegen die Jahre der Not und der Inflation die folgten, die Erschütterung erzeugten und Hilflosigkeit vor unmenschlichem Leiden das nicht zu bessern war, nicht anders zu bewältigen war als durch Arbeit. Nach Kafkas Einsicht nicht zu bessern war. Denn der organisierten Arbeiterbewegung und ihrer Theorie stand er völlig fern, in Anspruch genommen durch die Mühsal, das eigene Leben zu behaupten, und beansprucht von den zionistischen Interessen Max Brods.

Kafka lebte 1923 in Berlin mit Dora Diamant, gehetzt von der Bewegung der Gross-Stadt und ihrer rachitisch ausgehöhlten armseligen Existenz unter der Inflation. Zermürbt von übermässiger Anspannung, und körperlich in besorglicher Weise geschwächt, suchte er im März 1924 ein prager Sanatorium auf. Sein Leiden erwies sich jedoch als nicht mehr heilbar. Am 3. Juni 1924 starb er in einem Krankenhaus bei Wien an Tuberkulose.

| 1919

Heines Deutschlandkritik im »Wintermärchen«

Herr Heine, aus Paris kommend, reisend nach Hamburg. Die Beamten des preussischen Zolles visitieren angestrengt das Gepäck des wartenden Herren, bescheinigen ihm jedoch mit Notdurft und Bedauern: der Herr führe keine Konterbande mit sich. Allerdings führte Herr Heine Konterbande mit sich aus Paris.

Vor wenigen Jahrzehnten hatten sie Revolution gemacht in Paris: mit Strassenkämpfen, Erneuerung des Parlaments durch Volksversammlung, mit Hinrichtungen und mit der Krönung eines Kaisers. Das aber war in Deutschland nicht gut angegangen, und in Deutschland hatten sie die Innerlichkeit. Darinnen war wohl enthalten die Idee der Gleichheit, das Fräulein von Klettenberg war gleich dem hehren Illyrer – vor Gott. Dies war der Pietismus, und alle die ihm anhingen waren gleich gehorsam untertan der Obrigkeit. Der Sturm und Drang – welch ein Name. Eine Bezeichnung für Benehmen und Konduite, nicht für irgend ein Ergebnis, eine Wirksamkeit ... Der sogenannte Sturm und Drang nahm Europas Empörung auf und schuf sich einen Selbsthelfer in anarchischer Zeit, und die Klassik besann sich auf die griechischen Ermahnungen von gebändigter Form. Und: handle so, dass die Maxime deines Wollens jederzeit zur Grundlage einer allgemeinen Gesetzgebung gemacht werden könnte. Der betrübliche Konjunktiv meint die Möglichkeit einer allgemeinen Gesetzgebung, die allgemeine Gesetzgebung vollziehe sich der Zeitumstände halber in den inneren Räumen, schon ist der Kasernenhof die Atmosphäre des Subjekts und das Subjekt brüllt sich selbst an, um das brüllende Double, den Unteroffizier, ertragen zu können. In Frankreich ging man gewiss Umwege auch, den in der Aktion eben, und die Franzosen machten ihre allgemeine Gesetzgebung.

Der sterbende Fechter sagt was –? Sein eigenes Schicksal gespielet, mit dem Dolch in der eigenen Brust? Die Romantik nun gar hatte die Innerlichkeit nach aussen gekehrt, machte aus ihrer Seelenwelt die wirkliche (lächelte mit schmerzlicher Ironie über die wirkliche), die Romantik machte eine ganze Welt aus sich allein. Lyrik, das Weltgefühl des Subjekts, bezogen auf das Subjekt: eine heilige verteidigte Kunst. Die Lyrik: die vielzeiligen Strophen waren sehr auf das Subjekt bezogen, sehr einfühlsam übrigens, von einer herzstokkenden Anmut: war (der) Dichter nicht erschrocken an dem Schweine Kopf, der mit Petersilie geziert war. Dies ist nicht die Entwertung einer kostbaren Dichtweise durch profane zu profaner Melodie, ihre Erniedrigung auf ein unwürdiges Niveau: Gepäckkontrolle als lyrischer Vorwurf. Denn dieses fremde Subjekt (in Weiterfahrt nach Hamburg) ist Bürger von Paris und Erbe der französischen Revolution: Herrn Heines Weltgefühl ist geräumiger. Der Horizont der Lyrik ist geweitet bis zu praktischem Patriotismus, der nicht mehr von der Lyrik Körners stinkt – Patriotismus, was ist das?

Das Junge Deutschland hatte seine Themen (es war nicht das Junge Deutschland). Emanzipation der Frauen, Emanzipation der Juden, Zensur rein als solche, Ästhetik. Das war ein Programm des Liberalismus, eines Bürgertums, dem schwindlig wurde bei weiterem Hinsehen. Sie warteten ein halbes Jahrhundert noch auf die deutsche Einheit und Barbarossas Bart ist weiss und lang, der ist ihm durch den Tisch gewachsen. Und unter der Erde steht alles bereit was über der Erde unmöglich zu sehen ist – überzeugend ist die Atmosphäre der tiefen Höhle – mit dem schlafenden Barbarossa und seinen wartenden Kriegern – wunderbar dicht, und zu Zeiten vermeint man die Innigkeit solcher Hoffnung zu verspüren.

Herr Heine schrieb vier Zeilen hin und noch vier Zeilen mit nahezu vergnüglichen Mienen und: siehe. Dies Siehe ist sehr ärgerlich für die schamhafte deutsche Innerlichkeit, die sich so natürlich und gewachsen vorkommt. Siehe: sagte Herr Heine: man kann das also machen. Und er wies sie darauf hin, dass die innige Andacht am Ende verdächtige Sentimentalität sei. Aber bei Brentano ging die Abendsonne noch immer sehr schön unter (sie ging sehr schön unter). Einst, (sagte Goethe): dass mein Reisekoffer durch alle deutschen Lande ungeöffnet passieren könne. Und Herr Heine lastete seinen Kopf mit Konterbande.

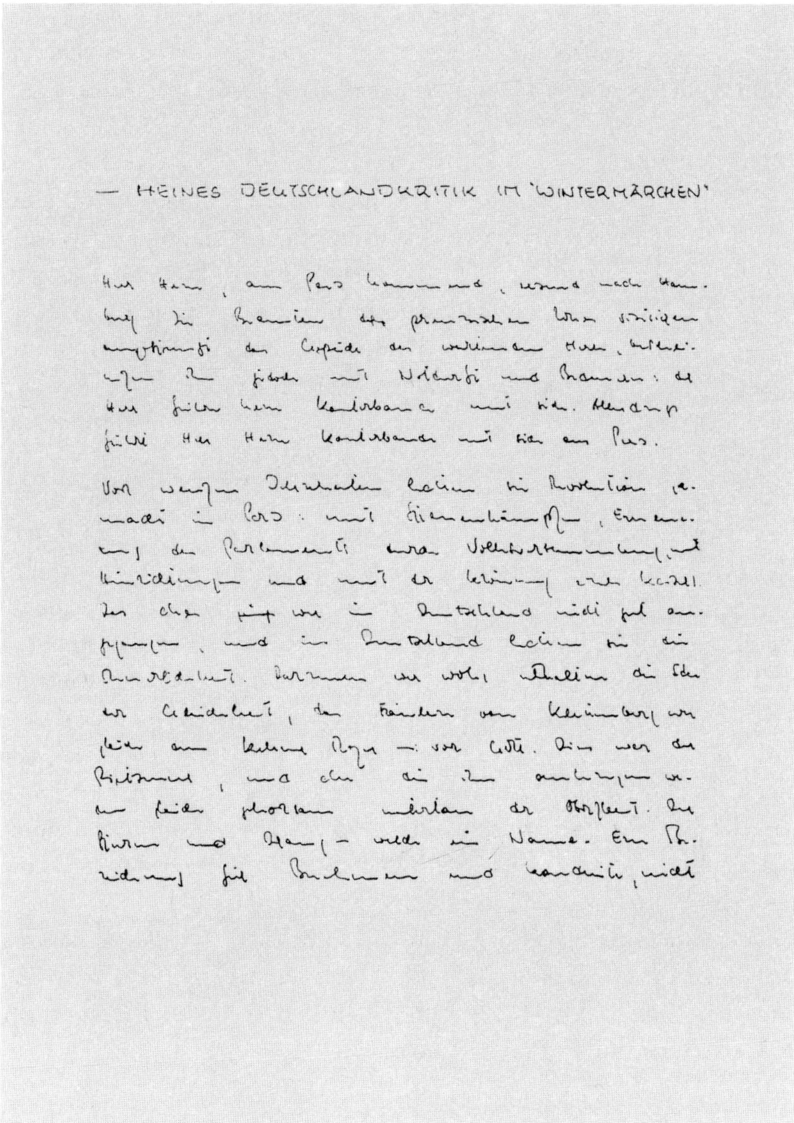

— HEINES DEUTSCHLANDKRITIK IM 'WINTERMÄRCHEN'

1. Seite der Examensklausur *Heines Deutschlandkritik im »Wintermärchen«*

Wir, Wilhelm der Unzählige von Gottes Gnaden, König von Preussen ... und unsere regierungstreue Presse. Herr Heine schickte manchmal Prosa nach Deutschland in die Augsburger Allgemeine, und die erstaunten Berliner lesen über ihre Denkmäler von den fürstlichen Hoheiten, wenn sie verglichen wurden: dafür aber ist der Schwanz (des Pferdes) auch nicht so bedeutend dick. Herr Wolfgang Menzel nannte sich den Franzosenfresser, und in anderen Redaktionen redete man über die Elemente des Vaterlandesverrats, und es ist Nacht und der Mond steht hinter der Hügelkuppe, langsam höherkommend, und vom Waldrand her heulen die Wölfe und Herr Heine heult mit den Wölfen, Herr Heine heult nie mit den Wölfen, Herr Heine fährt wochenlang nach Hamburg, um seine Mutter zu besuchen. Später wird man ihm das Land verbieten.
Was ist Patriotismus? Was hat der Patriotismus mit dem Rhein zu tun (?) Deutschland braucht eine Einheit, aber es hat keine Einheit. Deutschland braucht eben die soziale Neuordnung, die Frankreich versucht hat und wieder versuchen wird. Verschlemmen soll nicht mehr der faule Bauch, was fleissige Hände erwarben, das Paradies soll auf Erden sein, jetzt, hier, sofort, zu sehen und zu spüren.
Dies im Deutschland des Vormärz, mit dem grundsätzlichen Vorbehalt: Dies sei ein kerngesundes Land, und auch hier lasse sich das Paradies einrichten. Dieser Glaube: angesichts der Heiligen Allianz, angesichts deutscher Innerlichkeit und deutschen Untertanentums: solcher Glaube ist Kritik. Das alles heisst Ein Wintermärchen. Dies ist nicht wahr, oder: Es ist sehr vernünftig, dass das wahr ist.
Herr Heine, aus Hamburg kommend, reisend nach Paris. Die Beamten des preussischen Zolls visitieren das Gepäck des Individuums, das Individuum ist der Autor mehrerer verbotener Bücher und führt keine Konterbande mit sich.

Thema 3: Welche literarischen Fragen wurden auf dem IV. Deutschen Schriftstellerkongress im Januar 1956 in Berlin behandelt?

Offenbar kam der IV. Deutsche Schriftstellerkongress trotz der wiederholten Verlegungen immer noch um einiges zu früh. Die Thesen und Diskussionsthemen des II. Allrussischen Schriftstellerkongresses kamen wohl zur Auswirkung, jedoch wurden alle literarischen Anliegen der demokratischen Länder bedeutend überhöht durch die Reaktion etwa tschechischer Schriftsteller. Sagte Willi Bredel: er habe oft und nun zu oft geschwiegen; so bekannten die Tschechen: sie hätten mit ihrem Schweigen offenbare Unrechtlichkeit befördert. Aus dieser Diskussion veröffentlichte die deutsche Wochenschrift »Sonntag« einen Beitrag, der feststellt: es habe in den ersten Jahren der demokratischen Republiken eine ernstliche Problematik des Rechtes gegeben – niemals sei eine Gestalt unter solchen Umständen in der Literatur erschienen. Dies ist also die Frage der Redlichkeit.

Ich nehme den etwa gleichzeitig in der »NDL« (Neue Deutsche Literatur) erschienenen Exkurs über »die Gestalt des Lehrers in der deutschen Literatur« zum Anlass, diese Frage anzuwenden. Der Exkurs vergleicht Lehrergestalten Berthold Auerbachs, Thomas Manns und der Literatur der Demokratischen Republik (die Aufzählung meint die Gesellschafts-Typen, denen sie zuzuordnen sind). Es sind, so wird gesagt, nach der Fürchterlichkeit des lieben Gottes Wulicke und des Lehrers Dörr, die literarischen Typen der Neulehrer begeistert (und fähig, Begeisterung zu übertragen), verständnisvoll, geduldig und hilfsbereit – das sind sie. Und der Direktor irgend einer wirklichen Oberschule in einer wirklichen Stadt –? Bei einem durchaus harmlosen Vergleich wird unangenehm Anderes bemerklich.

Mit dem Eintritt in die 9. Klasse und womöglich der Annahme eines Stipendiums, einer Freistelle geht der Schüler unzweifelhaft einen Vertrag ein, der mit der Demokratischen Republik geschlossen wurde und an dessen Durchführung er durchaus interessiert ist. Es

wird ihm zugesichert die Vermittlung bestimmter Kenntnisse, die später in dieser und jener Hinsicht benutzt werden können und ihren Träger somit als nützliches Glied der Demokratischen Republik ausweisen: laut Unterschrift des Herrn Direktor Siebmann.
Nach der Reform stand auch die demokratische Schule in der Gefahr, die selbe sinnlose Autorität bürgerlicher Bildungs-Institute zu beanspruchen. Siehe: So gewaltig ist ein Direktor immerhin. Er hat einen Schreibtisch, auf dem er gesetzgültig schreiben kann: der Schüler Niebuhr sei ein böses Kind, der Schüler Seevken sei ein gutes. Der Direktor hat eine Sekretärin, die ihm nach dem Munde schreibt; er hat ein Telefon, in das er reden kann; wenn er sein Mikrofon einschaltet, so ist seine Stimme in allen Klassenräumen zu vernehmen. So mächtig war der neue Lehrer, und sein Umgehen mit solcher Autorität war von ausserordentlicher Wichtigkeit.
Diese Verantwortung wurde missbraucht. Es wurde bei allen ausdrücklichen Hinweisen übersehen, woher der Schüler Niebuhr kam: man hatte die Todesursache seiner Eltern damals bezeichnet mit »Herzschlag«, Ravensbruck, den 4. August 1944; später hatte es sich gehandelt um eine gleichzeitige Gasvergiftung von Amts wegen. Kam Niebuhr abermals in eine Schule, so würde er darauf achten, dass sein Vertrag dies Mal ehrlich eingehalten würde, er würde darauf achten, dass keine Erzieherpersönlichkeit ihm dieses für ein anderes erklärte.
Wie war es –? Die Erzieherpersönlichkeit schritt gedankentief an den Reihen entlang und entrang sich die zweiflerischen Worte: ich würd es ihnen raten! Monatsbericht des Klassenlehrers: 10A2 vollzählig der Freien Deutschen Jugend angehörig. Wie war es –? Herr Direktor Siebmann genannt Pius oder sonstwie – der stand unermüdet in der sechsten Stunde vor der 11A2 und redete über den Falken der Revolution, nichts fiel ihm auf an der Sorgfalt, mit der solcher Ausdruck wiederholt war im Heft des Schülers Niebuhr. Dem Schüler Niebuhr wurde bemerklich, dass er der Schüler Niebuhr war, sobald er in der rechten Fensterecke sass; und wenn er wenigstens das bleiben wollte, hatte er die heitere Aufgabe, dem Herrn Direktor den Schüler Niebuhr vorzustellen, den Herr Direk-

THEMA 3

WELCHE LITERARISCHEN FRAGEN WURDEN AUF DEM IV. DEUTSCHEN SCHRIFTSTELLERKONGRESS IM JANUAR 1956 IN BERLIN BEHANDELT?

OFFENBAR KAM DER IV. DEUTSCHE SCHRIFT-STELLERKONGRESS TROTZ DER WIEDERHOLTEN VERLEGUNGEN IMMER NOCH UM EINIGES zu FRÜH DIE THESEN UND DISKUSSIONSTHEMEN DES II. ALLRUSSISCHEN SCHRIFTSTELLERKONGRES-SES KAMEN WOHL ZUR AUSWIRKUNG, JEDOCH WURDEN ALLE LITERARISCHEN ANLIEGEN DER DEMOKRATISCHEN ~~[illegible]~~ LÄNDER BEDEUTEND ÜBER-HÖHT DURCH DIE REAKTION ETWA TSCHECHI-SCHER SCHRIFTSTELLER. SAGTE WILLI BREDEL: ER HABE OFT UND NUN zu OFT GESCHWIE-GEN, SO BEKANNTEN DIE TSCHECHEN: SIE HÄT-TEN MIT IHREM SCHWEIGEN OFFENBARE UN-RECHTLICHKEIT BEFÖRDERT. AUS DIESER DISKUSSION

1. Seite der Examensklausur *Welche literarischen Fragen wurden auf dem IV. Deutschen Schriftstellerkongreß im Januar 1956 in Berlin behandelt?*

tor zu sehen wünschte: obwohl es den nicht gab, sondern nur den 16-18jährigen Klaus Niebuhr. So lernte man auf der Oberschule die Ironie in ihren zierlichsten Spielarten, so lernten die meisten das plumpe widerliche Erlügen einer Haltung zur Demokratischen Republik, die sie nicht hatten, die sie nicht haben konnten sieben Jahre nach dem Kapitalismus und faschistischem Krieg. Die gutwilligen Anfänge waren verstimmt. Wer das Bedürfnis nach Ehrlichkeit wenigstens vor sich selbst hatte, richtete zwei Spalten ein in seinem Bedenken, die eine: wie man sich nach dem Gutdünken des Herrn Siebmann zu verhalten habe, die andere: wie man in der Tat sich verhalte zur Demokratischen Republik. Täglich, unablässig war zu prüfen, ob man zu recht sass in der 12A, Fenstertisch hinten, rechts.
Sie waren von vielerlei Art. Sie waren nicht von vielerlei Art, sie waren fortschrittlich und bürgerlich in der Auffassung des Herrn Direktors. Man liess ihnen nicht Zeit, man hatte kein Verständnis für die, die wirklich ihrer Lebensstimmung nach oder nur wegen Abkunft von ehemals bürgerlichen Eltern, von der Intelligenz alten Schlages, oder die wegen einer beiläufig geäusserten Meinung mit einem Stempel behandelt wurden, der sie erschlagen sollte. Nicht sah man in ihnen Jugend guten Willens, die sich zurechtzufinden hatte und alles erst bedenken mussten, die es völlig und durchaus ernstlich meinten mit der Demokratischen Republik. Aber nie begriff eine Erzieherpersönlichkeit vom Schlage Pius', dass die Skepsis und Nüchternheit der »Bürgerlichen« die Zuverlässigkeit bedeutete eines Anfangs, für ihn waren sie die reaktionäre bürgerliche Klasse und blieben es, wie sie sich stellen mochten. Niemals waren sie anerkannt als Teilhaber eines gemeinsamen Vorhabens.
Und wie war es –? Die Schülerin Babendererde redete unehrfürchtig von Pius' Herrlichkeit –? Das ist ein böses Kind: sagte Pius unfehlbar, das war dieses, und jenes war: dass die Schülerin Babendererde nun würde reisen müssen zum Zentralflughafen von Tempelhof. Er sagte dieses, und seine Schüler fürchteten, er meine jenes. Sie konnten die Bedeutung der Worte nicht mehr unterscheiden, so waren sie bedacht wenig gesagt zu haben. Und sie würden die Hand heben

nach Pius' Worten, und indem sie dieses taten, würden sie hoffen, jenes nicht zu meinen. Der neue Lehrer ist verständnisvoll und sagt: es führen alle Wege zum Kommunismus, er ist geduldig; aber die Schülerin Babendererde soll den Umweg über Stuttgart und Hamburg machen; der neue Lehrer ist hilfsbereit.

Diese in vielen Einzelheiten unseres Schultages immer noch nachschwingende Atmosphäre lässt sich in der selben Weise übertragen auf andere Seiten unseres öffentlichen Lebens. Da ist Unruhe und Arroganz und Unwahrhaftigkeit in zu grosser Menge neben zuverlässigem Boden. Dies ist ein Thema von der Ehrlichkeit, ihrer Unterdrückung und ihrer Behauptung, ein Thema das zur Zeit die gleiche Notwendigkeit hat wie das vom Aufbau der Schwerindustrie. Es ist vielen Romanen unserer neueren Zeit nicht bekommen, dass man sie von vorn nach hinten kehrte und reinigte. Ein Buch über solches Thema sollte nun nicht mehr umgeschrieben werden; endlich sollte der Mut vorhanden sein zu bisher nur beredeter Redlichkeit.

Der IV. Deutsche Schriftstellerkongress befand: Die Literatur der Demokratischen Republik habe einzustehen für die Einheit Deutschlands. Wie anders denn, wenn nicht auf solche Weise.

Thema: »Maria Magdalena«: Theorie und Praxis der Hebbel-Dramatik

In der Rezension über Bürgers Gedichte ist wohl deutlich ausgesprochen, was Schiller verstand unter der »unerlässlichen« Idealisierkunst des Dichters. Sie habe den Stoff zu reinigen von allen groben wie von allen individuellen Elementen, solle seine Strahlungen vereinigen und erheben zu einer bedeutenden und »populären« Aussage. Auch seien die Gestalten zu befreien von allen trivialmenschlichen Umständen und den Gegenständen und Formen niederer Leidenschaft; ihr Handeln und Verhalten möchte darstellen die ihnen innewohnende Idee.
Georg Büchners Wendung gegen solche Vorschrift drückt sich aus in der brieflich vorkommenden Bemerkung über das Erröten vor der Geschichte. Alleinig wiewohl vermittelt auf Schiller anzuwenden ist der Brief vom August 1835 an die Familie. Die Aufgabe des Dramatikers sei inständige Achtung vor den Fakten der Geschichte; bezeichnender Weise ist diese Feststellung herausgefordert von dem Anstoss, den ein behütetes bürgerliches Gemüt erfahren könnte von der Redeweise eines Danton. Eindringlicher noch lässt Büchner den wahnsinnigen Lenz den Ausspruch tun über die idealischen Holzpuppen mit den himmelblauen Nasen. Lenz erklärt sich für die menschlichen Gelegenheiten, »die feinsten Zuckungen, das Mienenspiel« des Lebens; vor der Madonna von Raffael fühlt er sich richtig tot. Die Formel solcher Dramatik ist das »so, so ist es«.

II

»Maria Magdalena, ein bürgerliches Trauerspiel« nennt Hebbel sein Drama von der unschuldigen Selbstmörderin. Die Tochter eines Tischlers wird von einem rücksichtlosen Karrieristen verführt und verlassen, worauf sie sich in den Brunnen stürzt. Die Handlung ist beschränkt auf die wenigen Tage, in denen sich die Besetzung einer Sekretärstelle entscheidet; solche Eingrenzung ist nicht nur eine zeitliche. Sie richtet die Entwicklung aus auf dies eine Ereignis bürgerlichen Fortkommens, dies Ereignis bestreitet die Exposition.

Eingerichtet ist das Gegenüber von bourgeoiser Gewinnsucht und altväterisch konservativer Redlichkeit. Für den Tischlermeister sind Religion wie überhaupt Rechtlichkeit der Autorität und Anstand der Lebensweise unerschütterte verbindliche Werte, indes sie für den Sekretär benutzbar sind als Mittel. Mit gefälligem Benehmen und mit Bescheidenheit täuscht er Maria Magdalena und ihren vor lauter Rechtlichkeit nervösen misstrauischen Vater; hat er sich ihrer versichert, bekümmert er sich um die Höhe der Mitgift. Hier bereits treffen wahrhaftiges Vertrauen und völlige Unempfindlichkeit für tatsächlich vorhandene Echtheit des Gefühls aufeinander. Die abgefeimte Beseitigung des anderen Bewerbers bringt weitere Erschütterung; als der Sekretär sich der Tochter des Bürgermeisters zuwendet, beginnt die Katastrophe.

Der Sekretär ist nicht nur deren Vehikel; er ist in einem Sinne die Hauptgestalt, die Auswirkung seiner Aktionen ergibt die Veränderung. Es ist wohl bedeutsam, dass die Schändlichkeit seiner Anstalten nicht als eben solche nur vorgestellt wird; seine Lage beansprucht Verständnis. Er besitzt soviel Kenntnis und Fähigkeit als die Schreiberstelle beim Bürgermeister gerade ernötigt, auf diese Position ist er nicht nur vorbereitet sondern gezwungen. Gesellschaftliche Achtbarkeit erreicht er mit gesellschaftlich verächtlichen Mitteln aber. Dessen unerachtet macht er aus der irrtümlichen Verdächtigung Karls ein Argument für seine Trennung von der vorgeblich Geliebten, die überdies wenig einzuwenden hat gegen seine Beweggründe als eben den Kummer, den ihre Wirksamkeit über sie bringt. Hier wird sichtbar die Auflösung bürgerlicher Moral, ihr Übergang zu bourgeoisem Vorwand (Scheinheiligkeit).

III

In diesem bürgerlichen Trauerspiel ist nichts idealisiert. Psychologie wie gesellschaftliche Bedingung der Gestalten sind behandelt mit gleichmütigem Realismus, der fern ist von den hohen idealischen

Naturen Don Carlos', Max Piccolominis. Fern aber auch ist die besessene Wirklichkeits-Andacht Büchners, dessen »grässlicher Fatalismus der Geschichte« allerdings das Mitleid in seiner aggressivsten: anklägerischen Form als ästhetischen Vorsatz nur zuliess. Dies ist ein bürgerliches Trauerspiel. Im bürgerlichen Gemeinwesen tragen sich soziologische Übergänge zu, die in irgend einer Richtung nachdrücklich aufzuhalten oder zu befördern nicht möglich ist: auch in Ansehung eines anklagenden ungerechten Schicksals nicht. Das ist keine Tragik eines Helden, der seiner Zeit voraus ist, der eine bürgerliche Monarchie einrichten will mit Gedankenfreiheit in ausserordentlich absolutistischen Zuständen. Hier geht eine (klein)-bürgerliche Familie zugrunde mit Notwendigkeit: An unveränderlicher Orthodoxie moralischer Urteilsvorschriften (deren Wirklichkeit nahezu Wahnsinn erzeugt), an gewissenlosem scheinheiligem Streben nach ebenso »moralischer« Achtbarkeit. Das ist ein anderes »So, so ist es«, es ist das der deutschen Situation von 1840, ein unveränderliches. Man kann wie Karl nach Amerika gehen wollen, aber Empörung ist nicht möglich. Aus anderen Gründen als aus denen des Naturalismus von 1895 ist der Horizont des Dichters nicht gerichtet auf die Erreichung eines gesellschaftlich verbesserten Zustandes, der in erschütterndem Fall seiner Vorkämpfer sichtbar wird: Der Gesichtskreis des Dichters ist in seinen Grenzen angegeben mit dem seiner Gestalten. Ein menschlicher Untergang, so ungeleugnet seine Anlässe und gesellschaftliche Bedingungen bleiben, wird Anlass nur für die Erkenntnis: die Welt sei nicht mehr verständlich.

Thema: Analyse eines Schauspiels von Bertolt Brecht »Der gute Mensch von Sezuan«

Was hat die Standard Oil in China zu suchen. Was soll das: In London Downingstreet herrscht grosse Unruhe über die und wegen der Ereignisse vom siebenten Juni; Hammarskjöld erklärte: Niemand könne dafür verantwortlich gemacht werden. Generalstreik in København, Krise in Südost, Dividendenberichte: Dies hat gar nichts zu suchen in Sezuan sondern es ist eben da, und wer die United Staates nicht besucht hat, erhält zureichende Auskunft durch das Autowrack, das eben auch da ist, als Wohnung nämlich und im schattigeren Vordergrund aber eben auch da.

»Es müssen jetzt endlich Leute namhaft gemacht werden.« Es werden Namen benötigt, Beispiele, statistisch verwertbare Beweise menschlicher Güte, angesichts der Standard Oil. Mit höflicher Konzilianz wird ernst gemacht mit der bisher und von eigentlich berufeneren Instituten nur ungenügend realisierten Existenz verantwortlicher Götter, es gibt sie, es gibt sie an berufener und nötiger Stelle: Zwischen den Reiseberichten des Generalsekretärs der United Nations und dem Wasserträger vor einer Prostituierten. Das war auch Mahadeva schon geschehn, bist du müd, ich will dich laben, lindern deiner Füsse Schmerz – benötigt werden glaubwürdige Beweise unter Massgabe vorhandener also glaubwürdiger Umstände, was ist Güte? Güte ist das Beispiel einer Prostituierten, die auf ihren Verdienst verzichtet um drei müden Fremden ein Nachtlager bieten zu können.

Der weitere Verlauf des Unternehmens wird von den Sachverständigen regelmässig überwacht werden. Wie kann man gut sein, wenn man nicht mindestens einen Tabakladen hat? Aber wie kann man gut sein, wenn man sogar einen Tabakladen hat. Alle Zeit fordert die unverschämte Anmassung der Eindringlinge Wut heraus, alle Zeit believe it or not it's true, so machen sie es, so ist es immer, und die Verwandlung in Shui-Ta ist so sehr das einzig Hilfreiche, dass man gar nicht dazu kommt, Shen-Te Unredlichkeit vorzuwerfen: Niemand sagt sie sei ein guter Mensch oder sie sei das nicht,

das ist ganz und gar uninteressant, sie hat einen Tabakladen, das ist es.
Wie die Götter sind die Zwischenfälle von Liebe conditio sine qua non, da ist ein Park, da ist eine Bank unter überhängendem Strauch. Das ist ein Flieger und dies ist Shen-Te, welcher Mansfield und welchem G. B. Shaw wäre nicht aufgefallen, dass hier irgend etwas nicht stimmt, aber so unstimmig ist es selten gewesen, und es wird immer unstimmiger, je mehr eine Richtigkeit erwünscht wäre, wie kann man aus dialogischen und szenischen Requisiten die Atmosphäre vertrauensvoller Liebe erzeugen, wie sehr ist das ein als Schema und schematisch eingerichteter Vorgang, der festgelegt ist nicht auf die Güte und Zuverlässigkeit menschlicher Beteiligung sondern auf zweihundert Dollar.
Das ist eine wissenschaftliche Demonstration, ein sorgfältig vorgeschriebenes Spiel und Ausspielen von gesetzmässigen Notwendigkeiten: wie wird ein guter Mensch in Sezuan zum Räuber und Dieb, wie hat das kommen können, es hat gar nicht kommen können, es ist so gekommen bis vor diese beiden Tabakballen (und: weil ich die Hand am Busen habe, Herr Shui-Ta), was soll sie tun, sie nimmt sie, sie eignet sie sich an, sie stiehlt, was soll sie tun.
Sehr instruktiv schlägt der Vorgang um, der bisher unverletzt blieb in seiner äusseren Form und dem Publikum Naivität wenigstens notdürftig gestattete. Er wird reine Demonstration, die Epik tritt offen zutage, nach klassischem Vorbild, der Chor steht in der linken vorderen Bühnenecke und erzählt den Hergang, in dem der Flieger erzogen wurde, nicht zur Güte aber zu einer hier und jetzt anständigen Verwertbarkeit, die Erzählung ist Schau-Spiel, ist Beispielsfaktum zu wissenschaftlicher Vorschrift. Dieser epische Ablauf in der Tabakfabrik Schui-Tas stellt das Wesen epischen Theaters eindringlicher dar als das Beispiel vom Verkehrsunfall, dies ist ein Schulbeispiel dafür. Nicht allein die Notwendigkeit, das Gesetz solcher Entwicklung bestreiten die ausserordentliche durchgängige Wirkung des Stücks. Die unbestreitbare Unabdingbarkeit der Folgen von Standard Oil (deren wenige übrigens unerwähnt sind, vorhanden sind die fragwürdige Liebe, die hohen starken Ver-

wandtschaftsbande, die ganz und gar unbestechliche Justiz, die überraschende Hilfsbereitschaft der Nachbarn, die Arbeit in hygienischen lichten Fabrikräumen, die Moral des Friseurs »wie finden sie mich, meine Damen und Herren?«, die Moral eines verzweifelt um Menschlichkeit bemühten Menschen) – die Folgen von Standard Oil haben Atmosphäre. Sicherlich tut das Bewusstsein »es muss so sein« einiges hinzu, aber die unmässig unbehagliche Stimmung der verunglückten Hochzeitsfeier, die grässliche Rattenplage haßgieriger Verwandtschaft liegen eben daran, dass diese Szenen hervorragend gebaut sind, mit genau eingepassten Dialogen zwischen den richtigen Gestalten: als grosses Theater. Man braucht nicht von »proletarischem Charme« zu reden angesichts einer Shen-Te, die ihren Sohn führt unter Bäumen und Vögeln, die ebensowenig da sind wie der Sohn, die völlig lebendig und sichtbar sind auf kahler Bühne mittels begeisternder kluger Verwendung pantomimischer Elemente, die weniger mit dem Proletariat zu tun haben als mit möglichem und erwünschtem menschlichem Leben, dessen Erfüllung der unproletarische Charme eben leider vorderhand verhindert.

Souveränität und das Gefühl »dies ist ein Vorspielen« kommen dem Publikum weiterhin zu aus der kostbaren szenischen Ironie. Aggressiver Bereitschaft zu Zugeständnissen folgend erscheinen in geöffnetem Nacht-Himmel drei frierende Götter, bitte sehr, sie sind da, wo man sie vermutet, aber siehe: da sind sie eben, und nicht: wo man sie braucht. Als geringfügige Bosheit ergibt sich ihre Besorgnis wegen fehlender Legitimation, als nachhaltiger Angriff das göttliche Verhalten während der Gerichtszene, der Abschied: Sie steigen in ein herabgelassenes Bettgestell aus Messingstangen, kostbar mit Tüllwolken behüllt, der letzte klappt das Gitter hinter sich zu wie eine Autotür, die Hände artig gestützt auf einen Haltegriff (ein Bettgestänge) fahren sie nach oben unter lieblichen Gesängen, zurücklassend die Auskunft: Das Mass von Shen-Te's Güte sei immerhin schon mehr als man heutzutage erwarten könne. Und der Götterjüngling hebet / aus den Flammen sich hervor / und in seinen Armen schwebet / die Geliebte mit hervor.

Indessen Shen-Te weder mit ihrer eigenen noch mit Shui-Ta's Güte zufrieden ist, indessen der Rat der Götter zuständig bestätigte: Vor den Wänden von Standard Oil muss man Shui-Ta sein und Shen-Te in einem, und wenn man da etwas subtrahiert, bleibt der gute Mensch von Sezuan übrig. Ein Befund, der einigem Publikum die Folgerung eingibt: wenn man das so machen kann, dann kann man das vielleicht auch anders.

Johann Paul Friedrich Richter, das ist sein bürgerlicher Name, entschied sich als zwanzigjähriger Student der Theologie, 1782 in Leipzig, für den Beruf eines Schriftstellers. Er kam aus einem Pastorenhaus, und er hatte sich zu diesem Studium bestimmen lassen, weil es nicht geradenwegs ins Predigeramt führen musste, sondern auch den Beruf eines Schullehrers oder, wie sehr oft damals, den eines Dichters vorbereiten konnte. Die Entscheidung kam jedoch von aussen. Seine Mutter in Hof hatte nach dem Tod des Vaters den Rest des Vermögens verloren; so dachte er mit der Literatur nicht nur sich, sondern auch seine Mutter und die Brüder zu unterhalten. Er besass weder Kenntnis der Welt noch irgend literarische Erfahrung, und er musste sein Vorhaben allein bestreiten mit der rationalistischen Grundhaltung, die seine Schulerziehung geprägt hatte und ihm eigen geworden war als das Prinzip, alle Dinge in der Welt, Gott nicht ausgenommen, mit den Mitteln der menschlichen Vernunft zu erkennen und zu beurteilen. Obwohl er meinte, dass die rein verstandesmässige, unverbindliche Haltung der Satire seinem Wesen wirklich entsprach, hinderte sie ihn, die Adligen und Schriftsteller und bürgerlichen Zierdamen, die er in den »Grönländischen Satiren« angriff, überhaupt in den Griff zu bekommen; überdies hatte er seine Kenntnisse aus zweiter Hand, der Literatur, erwerben müssen, da schon seine dürftige Kleidung ihn aus dem Verkehr der Professoren und Bürgerhäuser ausgeschlossen hatte. Das Buch wird nicht beachtet, das Honorar entspricht nicht den Erfordernissen seiner Lage, die Mutter hätte ihn lieber auf der Predigerkanzel gesehen. Im November 1784 konnte er sich der Schulden nicht mehr erwehren und musste nachts, verkleidet, zur Postkutsche schleichen, wohin sein Freund ihm den Koffer auf anderem Weg nachtrug. Er kehrte in den Marktflecken Hof, in die ausweglose Armut der mütterlichen Wohnung zurück und setzte hier, in einem einzigen Zimmer mit der ganzen Familie, seine schriftstellerischen Arbeiten fort, beschäftigte sich mit einer ungewöhnlichen Menge und Vielfalt von Literatur schöngeistiger und wissenschaftlicher Art, aus der er sich in langen geduldigen Auszügen Material bereitstellte. Er verdiente einiges Geld durch Hausunterricht, in den Häusern von Stand und Besitz blieben die Demütigungen nicht aus; die Erlebnisse dieser harten ärmlichen Jahre legten seine innere Verbindung zu den Schichten der sozial Benachteiligten unauflöslich fest. 1785 wurde er Hauslehrer auf dem Gut eines Kammerrats, eines rücksichtslos auf Erwerb und Vorteil bedachten Mannes, dessen grausame und bigotte Persönlichkeit ihn erbitterte und ihm das Leben lang als feindselige Erinnerung blieb; dieser Eindruck war einer der wichtigsten Anlässe für die Satiren, die er in den nächsten Jahren schrieb, in denen er etwa das Bauernelend und den unmenschlichen Soldatenverkauf verglich mit der schwärmerischen Frömmigkeit der Schuldigen. Die Haltung dieser Schriften war immer noch theoretisch, überwiegend dem Denken verpflichtet, satirisch; auch er schreibt einen neuen Schluss für die »Leiden des jungen Werthers«, die ihn kaum berühren. Die Not seiner Familie lässt sich nicht bessern, eine Zeit lang kann die Mutter sich nur mit schmutzigen und verachteten Arbeiten durchbringen, ein Bruder ertränkt sich in der Saale, um dem Elend zu entgehen, ein anderer stiehlt und läuft zu den Soldaten. 1789 verlor er die Stelle und kehrte nach Hof zurück, setzte seine Arbeiten fort, trieb mit Gründlichkeit und Ausdauer praktische sprachliche und Stilübungen, legte sich ein Verzeichnis bedeutungsgleicher Wörter an, ohne sich von der Vermessenheit seines Vorhabens – ein Schriftsteller zu werden – entmutigen zu lassen. Endlich im folgenden Jahr, als Freunde in Schwarzenbach, einem Dorf an der Saale, ihm den Unterricht ihrer Kinder übertragen, tritt der äussere Druck etwas zurück. In dieser Zeit wird die allmähliche Abkehr von der Satire deutlich, die Entwicklung zur Romandichtung tritt in Erscheinung. Wie er später äusserte, hatte er sich Lichtenbergs Rat, vor dem dreissigsten Lebensjahr keinen Roman zu schreiben, zu Herzen genommen und die Äusserungen des Gefühls, zu denen es ihn drängte, mit der satirischen Maske verdeckt; schon vorher hatte die Erschütterung durch den Tod eines Freundes den Plan eines Romans angeregt, der sein Andenken erhalten sollte. Der lange zurückgedrängte Widerspruch wurde zusammengefasst und überwunden in einem Gefühlsereignis, das er stets als das wichtigste seines Lebens bezeichnet hat: er erlebte in einer Vision seinen eigenen Tod. So wenig die Substanz dieses Erlebnisses zu übermitteln ist, muss doch seine befreiende Wirkung anerkannt werden: er begreift, dass sein Leben schon mit diesen dreissig Jahren hätte zu Ende sein können, und entschliesst sich, das an Liebe und brüderlichem Verständnis seiner Mitmenschen Versäumte nachzuholen, sich der Vergänglichkeit zu erwehren. Während dieser Zeit in Schwarzenbach entsteht die berühmte »Rede des toten Christus vom Weltgebäude herab, dass kein Gott sei«, die zu den Schlüsselwerken seiner Dichtung gehört; in den knappen Stunden, die der Unterricht frei lässt, arbeitet er an dem Roman »Die unsichtbare Loge«, eine Vielzahl kleinerer Stücke folgt, und 1794 ist ein zweiter Roman, »Hesperus«, beendet; nun haben alle Leipziger Buchhändler Kommissionen auf die Werke von »Jean Paul«, wie er sich erst auf dem Titelblatt der »Unsichtbaren Loge«, in Verehrung für Jean-Jacques Rousseau, genannt hat. Karl Philipp Moritz, der einige Zeit mit Goethe in Italien verbracht hat und bekannt geworden ist durch einen autobiographischen Roman, dem Jean Paul dies erste Werk im Manuskript geschickt hat, ruft nach den ersten Sätzen aus: das begreife er nicht, das sei noch über Goethe. Das sei ganz was Neues.

Diese merkwürdige Äusserung eines Goethefreundes ist Zeichen für das Erstaunen: dass neben Goethe eine Stimme, die auf ein ganz anderes Lebensverhältnis bedacht war, so dringlich sich erheben konnte. Jean Paul wurde am 21. März 1763, wenige Wochen nach dem Abschluss des siebenjährigen preussischen Krieges, geboren. Die bürgerliche Enge seiner Herkunft war von den Kriegen dieses Zeitalters und ihren sozialen Umständen feudaler Unterdrückung wesentlich geprägt und rückte ihm die Wirklichkeit so handgreiflich auf den Leib, dass sich ihr nicht ausweichen liess in subjektive Erhöhung; und dass sein Bildungsgang den Einflüssen des achtzehnten Jahrhunderts, den Werken der französischen Aufklärung, den literarischen Vorbildern Hippel und Lawrence Sterne verhaftet war, machte seine Klassenlage vollends unverrückbar. Der Schriftsteller der Aufklärung nimmt für sich das Recht in Anspruch, gegen seine unvernünftige Umgebung für eine Vernunft einzutreten, deren Zeit längst nicht gekommen ist, und da seine Konzeption wie sein Anspruch an jedermann gerichtet sind, steht er in gefährlicher Unabhängigkeit zwischen den Klassen. Er kann nicht als Anwalt des Bürgertums auftreten, denn es kennt nicht seine historische Richtung, er kann ihm nur helfen, sich seiner selbst bewusst zu werden. Besonders der Schicht seiner Herkunft gibt Jean Paul Ausdruck in den verschrobenen, nämlich an ihrer Entwicklung verhinderten Gestalten der Pastoren und Lehrer und Ärzte. Gestalten wie Siebenkäs (»Ehestand, Tod und Hochzeit des Armenadvokaten P. St. Siebenkäs«), dessen herzensgute aber ungebildete Frau den geistigen Beruf ihres Mannes, der Lehrer ist, nicht einmal den Arbeitsbedingungen nach verstehen kann und sich ihm, bei aller rührenden Bemühung, entfremdet. Jean Pauls eigentliche Liebe gilt allezeit den Frauengestalten, in jenen Häusern, »wo ihr, Väter und Ehemänner mit vierschrötigem Herzen und dickstämmiger Seele, beherrschet, abhärtet und einquetschet die Seele, die euch lieben will und hassen soll ...«, er beansprucht für die Frau, der man immer noch nichts anderes zuliess, »als dass der Körper ein Koch wurde und die Seele eine Köchin«, nachdrücklich Würde und Achtung. Wenn diese Literatur also den Bürger auffordert, Zurücksetzungen und Demütigungen zu vergessen und zu einem eigenen Selbstbewusstsein zu kommen, kann sie auf der anderen Seite vom Adel nur verlangen, dass er seine Vorurteile und unrechtmässigen Gewinne aufgibt und sich dem vernünftigen Anspruch anschliesst, den der Schriftsteller, jedermann über seine etwa vernachlässigte Menschenwürde aufklärend, gegen die Zeit erhebt; es gibt da keine kämpferische Richtung, zumal unter den deutschen Bedingungen nicht. Die Verbesserung der Welt durch moralische Erziehung des Menschen ist einer der Hauptgedanken Jean Pauls, und zwar erwartet er diese Leistung von einer aufgeklärten, fortschrittlichen Verwaltung der Thronherrschaft: grundsätzlich bemüht sich eine Geheimgesellschaft oder ein weiser Lehrer bürgerlicher Richtung um die Erziehung eines ausgewählten, insgeheim hochgeborenen Knaben zu einem Men-

schen, der die höchste moralische Bildung des Zeitalters besitzt und also einer solchen Aufgabe fähig wäre. So, wie hier der wirkliche Zustand des Adels seinen versäumten moralischen Pflichten gegenübergestellt ist, so erscheint in Jean Pauls Werk allenthalben die Zeit und ihre Wirklichkeit vollständig und anspruchsvoll, er fühlt sich eigentümlich verantwortlich für sie und vermag sich ihr nicht zu entziehen; die Wirklichkeit ist nicht blosse Voraussetzung der Literatur sondern von der Bedeutung eines Themas. Die wünschenswerte menschliche Entwicklung, das anzustrebende Ziel sind etwa angedeutet in der Abhandlung »Über die Wüste und das gelobte Land des Menschengeschlechts«, die in den Roman »Hesperus« eingeschaltet ist: »Es kommt einmal ein goldenes Zeitalter, das jeder Weise und Tugendhafte schon jetzo geniesset, und wo die Menschen es leichter haben, gut zu leben, weil sie es leichter haben, überhaupt zu leben – wo Einzelne, aber nicht Völker sündigen ... wo das Volk am Denker, und der Denker am Arbeiten Antheil nimmt ... wo man den kriegerischen und juristischen Mord verdammt und nur zuweilen mit dem Pfluge Kanonenkugeln aufakkert ...«; obwohl das Ereignis der französischen Revolution wie in den Ereignissen des Romans auch mitschwingt in dieser Voraussicht, ist sie frei von Schwärmerei und wird ganz klarsichtig als noch nicht mögliche und ferne Zukunft eingeordnet: »Wenn diese Festzeit kömmt, dann sind unsre Kindeskinder – nicht mehr.«
Die Dringlichkeit des Gefühls, mit der die Forderungen der Zeit als Gestalten, Höhen der Handlung und kritische Haltung in seinem Werk Ausdruck fanden, liess ihm ein begeistertes Publikum zuströmen, das hier seine eigene Situation und sein eigenes Streben ausgesprochen fand. Gewiss sind heute manche Eigentümlichkeiten dem Verständnis entzogen; dies gilt wohl für manche historische Einzelheiten, mit denen die zersplitterte deutsche Wirklichkeit in der Bilderfreudigkeit seiner Sprache erscheint; ebenso mag es sich mit den unzähligen Einschüben, Anmerkungen, Abhandlungen verhalten, in denen er sein umfassendes Wissen verarbeitete. Auch die oftmals verschlungenen Wege der Handlung könnten ermüden, nachdem inzwischen die Entwicklung des Romans einen anderen Weg gegan-

gen ist; die Beziehungen, von denen ein Mensch umgeben ist, erscheinen bei den Gestalten Jean Pauls in einem Reichtum überhöht, dessen der Roman sich nun mit klarer Auswahl weniger Hauptzüge entwöhnt hat, etc. Gerade der umfassende Humor und die moralische Unbedingtheit, die die Welt mit einer ganz eigenständigen und ursprünglichen Sprache bis in die feinsten Fasern der Wirklichkeit in Besitz nehmen, werden immer wesentliche Zugänge zu seinem Werk ermöglichen.

Jean Pauls Verhältnis zu der Klassik von Weimar war vorbestimmt durch den Einfluss der kritischen Schriften Herders. Schon in der »Unsichtbaren Loge« hatte er festgestellt, dass die Griechen ihre Kunst ohne das Vorbild der Griechen gebildet hätten, unter den Bedingungen ihrer Nationalität, ihres Klimas und ihrer Sozialverfassung und in ihrer Kultur sieht er wie Herder eine einmalige ungeheure Blütezeit, jedoch nicht die ewige Gesetzestafel des Abendlandes. Und dass er den Kultus der Antike sogleich mit der Wirklichkeit des griechisch-lateinischen Schulunterrichts und den eigentlich ahnungslosen Lehrerpersönlichkeiten verglich, war gewiss nicht die einzig denkbare Haltung, aber die einzige ihm mögliche, wie sie ihm durch die Entwicklung seines Lebens und die Eindeutigkeit seiner Fragestellung vorgeschrieben war. Als er im Juni 1796 nach Weimar kam, hatte er fünfzehn Jahre lang unter drükkenden, ärmlichen Bedingungen gelebt, und die ersten beiden Tagesreisen legte er zu Fuss zurück; erst vor der Stadt, die die Welt der bürgerlichen deutschen Literatur darstellte, nahm er sich einen Wagen. Die Verehrung für Herder und ihr freundschaftliches Verhältnis zogen ihn hinein in die persönlichen Spannungen und die Meinungsverschiedenheiten, die die Trennung Goethes und Schillers von Herder bewirkt hatten. Wenn Schiller auf eine Kritik Herders an der ausschliesslichen Verbindlichkeit des griechischen Ideals zu antworten gewusst hatte, es scheine ihm gerade ein Gewinn für den deutschen Geist, »dass er seine eigene Welt formiert und durch die griechischen Mythen der Verwandte eines fernen, fremden und idealischen Zeitalters bleibt, da ihn die Wirklichkeit nur beschmutzen würde«, so war das eine Haltung, zu der Jean Paul nicht imstande war, da für ihn die Wirklichkeit der deutschen Verhältnisse, der deutschen Kultur den Gegenstand seines Dichtens darstellte. Zwar nahmen sowohl Goethe als auch Schiller ihn freundlich auf, und es scheint, als hätten sie ihn für ihre Seite gewinnen wollen; die Verschiedenheit der Haltungen und die Spannungen im Leben der Kleinstadt liessen jedoch keine Verständigung oder Annäherung aufkommen. Eine hinterbrachte Äusserung von Jean Paul setzt Goethe in die Verfassung zu Spottversen in den Horen, Zurechtweisungen und Warnungen in den Xenien folgen; während Jean Paul die Gestalt eines Kunstrates Fraischdörfer (»Geschichte meiner Vorrede zur zweiten Auflage des Quintus Fixlein«) sich darüber entrüsten lässt, dass man Häuser bewohne, dass sie als ästhetische Erscheinungen überhaupt für einen Zweck benutzt werden dürften, und Fraischdörfer sagt auch, »es gäbe weiter keine schönere Form als die griechische, die man durch Verzicht auf die Materie am leichtesten erreiche«, welcher Satz gerade durch seine weimarische Fassung den Gegensatz der Haltungen festlegte. Auch mit den Brüdern Schlegel, der anderen kritischen Hauptmacht, kam es zu Auseinandersetzungen und Gegnerschaft, August Wilhelm Schlegel meinte in der Gestalt des Kunstrates Fraischdörfer durchaus sich selbst erkennen zu müssen, und Jean Paul konnte mit dem Programm der Romantik nicht übereinstimmen, wenn er auch einige ihrer Entwicklungen vorweggenommen hatte. Die Literaturwissenschaft, die ihre Wertsetzungen lange Zeit gerade aus der Ästhetik der deutschen Klassik und der Romantik ableitete, ist von den oft boshaften Urteilen, die aus diesen Unstimmigkeiten herrühren, grossenteils zu einer Verkennung und Unterschätzung des Werkes von Jean Paul verleitet worden.

Die Auseinandersetzung mit der Haltung der weimarer Klassik, und das Erlebnis aristokratischen Lebens, das ihm jetzt offen stand, bestimmten den Roman »Titan«, den er in den folgenden Jahren schrieb. Wie die schwärmerische Überspanntheit der adligen Damen, die aus der Beschränktheit ihres Standesgefühls und ihrer Vorurteile nach sentimentalen Abenteuern strebten, ihm heillos und einseitig erschien, so prägte er auch für die harmonische Persönlich-

keit, deren Ausbildung Goethe angelegen war, den Begriff der »Einkräftigkeit«; diesem isolierten Individualismus wünschte er in den »Titanen« wirklich harmonische Menschen gegenüberzustellen, die sich aus der Enge und Armut des Lebens auf eine Ebene allseitiger praktischer und moralischer Wirksamkeit erheben. Es gelang ihm jedoch nicht, einer solchen Gestalt überzeugende Wirklichkeit zu geben; unter der Hand wurde der Roman ihm zum »Anti-Titan« mit der Entwicklung eines solchen »einkräftigen« Menschen, der das eigensüchtige Recht einer genialen Persönlichkeit bis ins Masslose übertreibt und am Ende des Romans mit einem Verbrechen endet, das die Hoffnungen der Gegengestalten jäh vernichtet. Der als Hauptwerk angekündigte Roman entsprach jedoch nicht den Erwartungen, die das bisherige Publikum Jean Pauls in ihn gesetzt hatte; überdies hatte er längst erkennen müssen, dass er die Menschenschicht, an die er sich eigentlich wandte, nicht erreichen konnte, da die Voraussetzungen der geistigen Bildung entweder überhaupt fehlten oder sich auf die Höhe einer solchen Auseinandersetzung wie des »Titan« nicht erheben.
Das humoristische Gegenstück zum »Titan«, dessen Plan und Ausführung nebenherlief, ist der Roman »Flegeljahre«. Die Geschichte der Brüder Walt und Wult, der eine ein gutherziger Träumer, der andere durchaus geschickt in der Wirklichkeit, ist wohl der lesbarste und beliebteste Roman Jean Pauls in der Gegenwart. Nicht nur, weil die Handlung klar und ungestört durchläuft und die einzigartig lebenshaltige, lebendige Sprache des Dichters hier in der vollen Meisterschaft beherrscht ist und dem heutigen Verständnis kaum widerstrebt, sondern auch, weil im Humor und tiefen Verständnis dieser Gegenüberstellung des schlichten, klaren Menschen bäuerlicher Prägung mit dem anderen, den die verflochtene Betriebsamkeit städtischen Lebens gebildet und zugeschliffen hat, zwei Lebensmöglichkeiten bedeutend und unterhaltsam vorgeführt sind. Während der Arbeit an diesen beiden Romanen hielt er sich in Leipzig, Weimar, Berlin auf, ohne sich an einem dieser Orte letztlich einrichten zu mögen. 1801 entschied er sich, da er von den Erlebnissen in den adligen Kreisen doch immer wieder sich hatte eingestehen müs-

sen, »es passet nicht zu meinen Träumen«, für die Ehe mit einem bürgerlichen Mädchen; nach der Vollendung der »Flegeljahre«, 1804, liess er sich in Bayreuth nieder. Die Residenzatmosphäre dieser Stadt genügte nun seinen Bedürfnissen, ihrer bürgerlichen Solidität passte er sein Leben, ausgefüllt von der Arbeit und der Familie, völlig an. Im gleichen Jahr wurde die »Vorschule der Ästhetik« veröffentlicht, in der er die theoretischen Grundlagen besonders für sein literarisches Werk zu geben versucht und den Humor in ausführlicher und heute noch interessanter Weise als Darstellungsmittel begründet. 1807 fasst er die pädagogischen Erfahrungen, die er in seinen Schulmeisterjahren in Schwarzenbach gefunden hatte, und seine Ansichten über die Erziehung von Kindern überhaupt in dem theoretischen Werk »Levana« zusammen, das den psychologischen und hygienischen Problemen der damaligen Zeit ausserordentlich voranhalf, und noch heute in vielem aktuell ist.

Die Eroberungskriege Napoleons, dessen Truppen 1807 durch Bayreuth ziehen, bestimmen Jean Pauls Denken und seine Veröffentlichungen als eine bedeutende Verantwortung, die er gegen seine Leser fühlt; er vermag sich der Auseinandersetzung nicht zu entziehen, im Gegensatz zu Goethe, der in diesen Jahren seine naturwissenschaftlichen Studien vorantreibt und die Präparate für seine Knochenuntersuchungen auf den nahegelegenen Schlachtfeldern suchen lässt. 1808, in der »Friedenspredigt« erörtert er die Bedeutung Napoleons und der Reformen, die die französische Besetzung mit sich bringt. Er sieht in dem Rheinbund der Fürsten die Möglichkeit einer nationalen Zukunft, während er Deutschland zwischen den pressenden »Schildkrötenschalen« Österreich und Preussen, das nach dem Abschluss seiner Raubkriege sich durchaus reaktionär verfestigte, wo irgend möglich herausgelöst sehen wollte. Eine solche Auffassung stiess sogar in fortschrittlichen bürgerlichen Kreisen auf Missverständnis, obwohl diese Möglichkeit damals zur Hand schien, bevor die Ziele Napoleons in ihrem eigentlichen Charakter erkannt waren. In den »Dämmerungen für Deutschland«, ein Jahr später, sieht auch Jean Paul in Napoleon nicht mehr den

Befreier, sondern den Tyrannen, und versucht die Grenzen und Hoffnungen der deutschen Entwicklung im Gegensatz zur kriegerischen Eroberung zu erkennen. »*Gegen* den Krieg *schreiben* ist allerdings so viel, als im Druck harte Winter scharf rügen oder die Erbsünde«, heisst es in der »Kriegs-Erklärung gegen den Krieg«, aber die Leiden der Völker, die am Ertrag der Eroberungen nicht beteiligt werden, drängen ihn zu der Hoffnung: »Ist nicht der Wille zu bessern, so doch vielleicht das Urteil.« Was ihn zu dieser pädagogischen Haltung bestimmt und die Zurückhaltung blossen Dichtertums beiseitestellen lässt, ist wiederum die aufklärerische Vorstellung von einer Wirksamkeit des Schriftstellers, der sich seiner Welt verpflichtet fühlt.

Mit der ironischen Biographie »Leben Fibels« (1812), die einen erfundenen Schöpfer des Abc-Buches als Genie feiert, mit »Des Feldpredigers Attila Schmelzls Reise nach Flätz« (1808) und »Dr. Katzenbergers Badereise« (1809) wünschte er einer Entmutigung gerade entgegenzuarbeiten. In diesen Werken kehrte er zur satirischen Form seiner Jugendzeit zurück, erfüllte sie nun jedoch mit erfahrener Heiterkeit, die diese Charakterstücke zu den kostbarsten Erscheinungen deutschen Humors macht; auch durch seine Mitarbeit an Zeitschriften und Almanachen war er nun einer der beliebtesten Schriftsteller der Zeit. Die Rente, die er vom Rheinbund bezogen hatte, zahlt ihm nach der Niederlage Napoleons der König von Bayern. Aber obwohl er die literarische Wertschätzung in Deutschland erreicht hat und von der Jugend gefeiert wird, wie in Heidelberg, wo Hegel ihm das Diplom der Doktorwürde ehrenhalber überreicht, bedrückt es ihn, dass er die deutsche Literatur »wie ein Meteor« durchzogen habe, und die isolierte, von der Wirksamkeit abgeschnittene Lage des Schriftstellers lässt ihn mit zunehmendem Alter vereinsamen. Zwar bedeutet seine kritische Haltung gegen die Welt nicht den Wunsch, sie bürgerlich revolutionär zu verändern, trotz aller Vorbehalte gegen die kirchlich geübte Religion glaubte er an die Erfüllung eines göttlichen Willens in der Geschichte; an der Humanität seines Pazifismus, der auf die moralische Verbesserung des Menschen, auf die Erziehung zu seiner

Würde gerichtet war, ging die deutsche Wirklichkeit vom Ende des Siebenjährigen Krieges bis zu den napoleonischen Kriegen und der Befestigung der alten reaktionären Mächte in der heiligen Allianz vorbei. Über den Arbeiten an einem grossen Roman »Komet«, in dem er einen umfassenden satirischen Aufriss seiner Zeit geben wollte, ist er am 14. November 1825 in Bayreuth gestorben.

*

Das »Leben des vergnügten Schulmeisterleins« erschien 1793 als Anhang zu dem Roman »Die unsichtbare Loge«, mit dem die Idylle durch den Sohn des Wuz und durch den in der Erzählung beider Stücke anwesenden Kandidaten der Theologie Jean Paul locker verbunden ist; sie wurde Anfang 1791, wenige Wochen nach dem Erlebnis der Todesvision, geschrieben, die liebenswerte humorvolle Gestalt des Schulmeisterleins arbeitet der Vergänglichkeit sichtbar entgegen. Man hat, gerade mit Bezug auf diese Dichtung, gesagt, es sei das Kleinbürgerliche, das mit Jean Paul in die deutsche Literatur gekommen sei. Es sind aber die Idyllen besser als ihr Ruf. Man muss sich hüten, diesen Begriff anzuwenden auf die parasitäre Schicht des heutigen Kleinbürgertums, das um so selbstgerechter auftritt, je unabänderlicher es von den grossen Geschäften der Zeit ausgeschlossen ist: was in Jean Paul Stimme fand, ist vielmehr die bürgerliche Ausprägung, die in einem dynastisch zersplitterten und wirtschaftlich zurückgehaltenen Deutschland neben wenigen avancierten Ausnahmen eben möglich war: in einem Land ohne bürgerliche Revolution. Das Material für die Beschreibung dieses Lebens bot sich an den Kindheitserlebnissen Jean Pauls, der in Wunsiedel, Joditz, Schwarzenbach, kleinen Saaledörfern im Fichtelgebirge, aufwuchs; dort war sein Vater Lehrer und Organist, später Pfarrer. Die Gehälter der Schulmeister und Pastoren im Fürstentum Bayreuth gehörten zu den kümmerlichsten in ganz Deutschland, mancher Lehrer wartete ein Leben lang auf dem dritten oder vierten Platz, und die Berufung auf eine Pfarrerstelle wurde von den Grundherren vergeben. Die prächtigen Schlösser, die heute die Landschaft um Bayreuth auszeichnen, sind zumeist im Ende des achtzehnten Jahrhunderts gebaut und mit den Entbehrungen der dörflichen Bevölkerung bezahlt worden. Dennoch ist Jean Paul seine Kindheit immer erschienen als glücklichste Lebenszeit; und die wenigstens notdürftig gesicherte Behaglichkeit des Pfarrhauses, die Nähe und Verständlichkeit der Natur, die noch nicht aufgeteilte und zertrennte Lebensgemeinschaft des Dorfes waren entscheidende Eindrücke, die in seinen Dichtungen immer wiederkehren. Wer sich der Enge eines solchen Schulmeisterlebens nicht nur ergibt in christlicher Bescheidenheit, sondern zu eigener Zufriedenheit sich einrichtet wie Wuz, ist nichts weniger als ein Narr; selbst dass Wuz seine Bibliothek selbst schreibt gänzlich aus eigenen Kräften, ist gemeint als spielerische Überwindung misslicher Verhältnisse, so wie sie möglich war. Die Kunst, in allem das Glück zu finden, ist beschränkt auf die Persönlichkeit, das macht sie verschroben und kehrt sie nach innen; aber sie füllt ihre Grenzen aus mit einer Stärke und Reinheit des Lebensgefühls, um dessen bürgerliche Wirksamkeit Deutschland betrogen war.

II. Frühe Prosaskizzen
1952-1958

»Beschreibung Gabrieles« (1952)

Das war also auf einem Schulausflug; und als ich weiter frage, sagt man mir: auf einer Dampferfahrt. Das ist eine für den Geographieunterricht sehr nützliche Gelegenheit und es sitzen wahrscheinlich alle brav da und betrachten den Teil der Landschaft, den auswendig zu lernen sie gehalten sind. Denn man sieht im Hintergrund undeutlich die Kehrseite zweier Oberkörper: zwei weisse Hemden geschmückt mit gekreuzten Hosenträgern, darüber einen schwarzen und einen blonden Hinterkopf. Und vor diesen beiden artigen und langweiligen Rücken steht ein kleines Mädchen; sein Name steht auf der Rückseite der Fotografie und es soll sechs Jahre alt sein. Dies ist alles, was bekannt ist. Ein kümmerlicher Anfang, nicht wahr?

Gabriele ist der Name. Gabriele: das ist vorläufig nicht mehr als ein Schnappschuss.

Man sieht irgendetwas an und passt natürlich nicht auf sein Gesicht auf, – nein. Plötzlich stösst jemand einen Ruf aus, man wendet sich völlig unvorbereitet um und wird fotografiert. Auf dem Bild sieht man dann selbstverständlich nicht so aus, wie man sein möchte sondern wie man ist, obendrein: wie man gerade in diesem Augenblick gewesen ist.

Ein Schnappschuss ist eine ungezogene Sache.

– wie du gewesen bist –: wie warst du denn eigentlich?

Du kehrst jenen Hintergrundgestalten den Rücken zu; allerdings nicht ganz und du hast dich der Kamera etwas schräg zugewandt – jedenfalls hast du nicht dorthin geschaut, wo diese beiden sich heimatkundlichem Anschauungsunterricht hingeben. Du hast dir allein ausgesucht, was du ansahst, – so könnte man folgern. Vielleicht –: dies Wort gehört auch zu der Bedenklichkeit meines Vorhabens.

Immerhin ist es ein Schulausflug. Und wenn es möglicherweise wirklich als ein reines Vergnügungsunternehmen gedacht ist, so hat es doch mit Schule zu tun und es sind Lehrer dabei. Solche können es in der Regel nicht über sich bringen zu verschweigen, dass jener

Berg dort eine Höhe von 1043 Metern hat (über dem Meeresspiegel) und dass die kleinen bunten Häuser an seinem Fusse zu einer Stadt gehören, die bekannt ist wegen –. So ist es für gewöhnlich und vielleicht war es auch so, als – als du immerhin nicht in die gleiche Richtung blicktest wie andere. Es ist vorstellbar, dass du beobachtetest, wie der Kapitän ganz langsam seine Nase kraus zog – oder wie ein heller bunter Wald sehr klein und vorsichtig einen Hügel hinankroch – oder wie der geringe und einzige Farbfleck eines Hausdaches eilig um eine Biegung des Ufers rutschte ...

Da rief jemand: Halloh, Gaby! oder Ähnliches und schnappte indiskreterweise dein Gesicht auf und das wäre ein Grund gewesen, eingeschnappt zu sein. Wer war denn das?

Du siehst ihn freundlich an, und du meinst es wohl ernst damit. Jedoch ist es eine recht zurückhaltende Freundlichkeit. Du lächelst – viele werden es so nennen. Doch mir scheint, du habest nur zuvorkommend deinen linken Mundwinkel verzogen, und deine Augen sind ganz still. Sie sind voll von Dingen, die die gleichgültigen Stimmen um dich nicht begreifen können und du siehst eigentlich gar nicht, wer vor dir steht sondern sehr anderes.

Sicherlich hast du in diesem Augenblick mit keinem gesprochen und den Worten um dich nicht zugehört. Du stehst dort wohl ganz allein und dein Gesicht ist viel zu ruhig und versonnen, als dass du eben etwa gedacht haben könntest: Ach guck doch mal da wie schöön!

Sind deine Augen nicht auch etwas allein?

Wenn ich dein windzerzaustes Haar ansehe, das der begabteste Modekünstler nicht so zufällig und schön hätte anordnen können und den heiteren Wechsel von Licht und Dunkel in deinem Antlitz und den Glanz der Sonnenstrahlen auf deinem Haar – wenn ich dies alles bemerke, sollte ich denken das sei ein lustiges Bild. Aber es liegt an deinen Augen und an einer ganz geringen Hilflosigkeit deiner Lippen, dass ich glauben möchte, du seiest schon ein wenig traurig und vielleicht unsicher geworden an der Welt deiner sechs Jahre. Und das ist doch eine Welt, um deren Verlust wir anderen (die dein Bild erhalten möchten) sehr unglücklich sind, weil sie uns

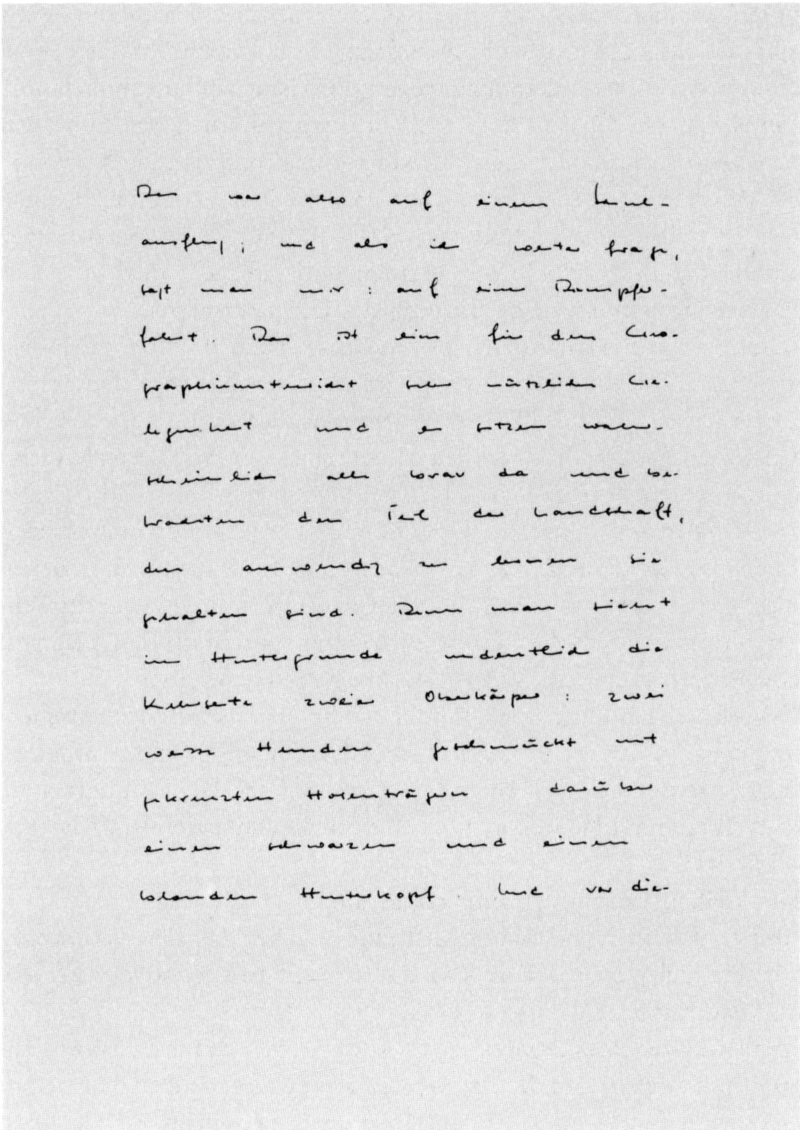

1. Seite des handschriftlichen Manuskripts der Erzählung *Beschreibung Gabrieles*

in der Erinnerung und in deinen Augen immer erscheinen möchte als ein Raum von seligem Alleinsein, von lächelnder Tiefe und glückhafter Weite, deren Unvereinbarkeit man noch nicht weiss … Eine Welt, die du bald zu verlassen beginnen wirst, die dich aber nun noch so umfängt, dass du uns gelassen und unzugänglich anblicken kannst; zudem mit einer Freundlichkeit, der Höflichkeit fern ist und die du dir selbst erweist – Vielleicht.
Warum ich dies …?
Als nur dein Bild gezeigt wurde, erklärte man mir, welche Eigenschaften diese Aufnahme habe und man bediente sich dabei der gleichen Ausdrücke wie für die Beurteilung von Marmeladensorten, kleinen Hunden und Staubsaugergeräuschen. Darum habe ich dies – also ich bin durchaus deiner Meinung: so ein Schnappschuss ist eine Ungezogenheit.
Dies ist also auch Gabriele. Es steht nun nicht auf der Rückseite des Bildes vermerkt; doch ich wusste es ohnehin. Immerhin aber war das Wiedererkennen schwierig, und diese Schwierigkeit ist bemerkenswert. Auf der Fotografie sieht man ein Mädchen, das vor einem Vorhang mit gelangweilten und stilvollen Falten auf einem Hocker sitzt; es blickt auf ein Buch nieder, das es zwischen Daumen und Fingern der rechten Hand über seinem Schoss hält; die linke Hand hält locker den rechten Oberarm umfasst. Die Schultern sind leicht herabgesunken und vornübergeneigt, und der Kopf ist gesenkt.
Die Szene ist also ein fotografisches Atelier, die Begleitumstände sind unerfreulich und Gabriele ist die Hauptperson. Eine Hauptperson, die nicht mitspielt. Und darum ist diese Aufnahme so unnatürlich natürlich.
Man muss wissen, dass es eine Gepflogenheit des Porträtfotografen ist, zuweilen – falls einmal das wohlerzogene und überzeugt gelogene Lächeln nicht erwünscht oder nicht herstellbar ist – besonders bei Kinderaufnahmen das hilflose Opfer familiären Verewigungsbestrebens mit einem Buch in der Hand auf einer Sitzgelegenheit unterzubringen. Natürlich erübrigt es sich auch hier nicht ganz, das vorzuschreiben, was an mimischen Zuständen und

solchen der Körperhaltung für nötig erachtet wird. Aber es ist einfacher.
So wird es gewesen sein Gabriele – denn obwohl du vielleicht auch unbeobachtet so beim Lesen dasitzen magst – vor diesem Bilde kann man sich nicht des Eindrucks und des Verdachtes erwehren, du seiest hingesetzt worden. Dort am Vorhang steht ein Hocker, setze dich bitte darauf, nimm dies Buch in die Hand und schlage es auf, ja –?
Erzielt werden sollte offensichtlich der Anblick des artigen, hingegeben in seine Lektüre versunkenen Kindes.
Das artige hingegeben in seine Lektüre versunkene Kind ist böse. Das wird doch wohl nicht am Buch liegen? Es wäre unverantwortlich, gäbe man einem zu fotografierenden Kinde ein Buch in die Hand, das seine Lippen böse werden lässt. Es liegt nicht an der Art des Buches sondern daran, dass man dir ein Buch in die Hand drückt und dich damit vor einer Kamera aufbaut.
Entweder findest du es albern, auf diese Weise zur Schau gestellt zu werden, weil du ja ganz anders bist. Oder du willst nicht so fotografiert werden, weil du eben so bist. Dies Oder ist für mich das wahrscheinlichere; ich glaube wohl, dass du viel liest und gern. Und du bist völlig im Recht, wenn du meinst: das geht niemandem etwas an und auf ein Bild gehört es nicht. Viele werden sagen: das sind durchaus nicht die richtigen Gründe. Nun, beweisen kann ich nichts; aber ich meine, das sei eine von den richtigen Erklärungen, auch wenn andere sie nicht glauben und du nicht weisst, dass du darum eine Wut hast.
Das andere ist: dass man überhaupt fotografiert werden soll. Da muss man einen besonderen Gang machen und das zu einem Menschen, von dem du fürchtest er möge dich auffordern: Lach mal, Gaby!
Und du willst doch gar nicht lachen.
Natürlich ist es eine widerwärtige Angelegenheit, sich so hinsetzen zu müssen, wie man im Familienalbum und vor den Augen der Verwandten und Bekannten der Erinnerung und Beurteilung ausgesetzt werden soll. Aber, Gabriele: immerhin sitzt du jetzt schon und

zu ändern ist es nicht und nun wird es im Apparat gleich ein klikkendes Geräusch geben – solltest du nicht versuchen, das Beste hieraus zu machen? Etwa dich bemühen, dein Gesicht so aussehen zu lassen, wie du es haben möchtest? Es kann dir doch kaum gleichgültig sein, welchen Eindruck man von dir haben wird?

Aber das scheint dich tatsächlich nicht zu interessieren. Du bist grundsätzlich und dauerhaft böse und wartest, dass dies zu Ende geht, damit du dich wieder dem zuwenden darfst, wobei man dich gestört hat.

Ich habe vorhin eine Schwierigkeit erwähnt; jene Bemerkung bezog sich darauf, dass ich ja schon ein anderes Bild von dir kenne. Dort ist sehr viel Sonne und Wind und du stehst darin recht selbstverständlich und unerstaunt, so dass es ein Bild geworden ist von einem – wenn auch sehr leisen und heimlichen – tiefen Lächeln. Das ist aber sehr lange her und du bist nun neun und wohl bald zehn Jahre alt. Es ist nun kein Kindergesicht mehr, weil so viel hat hindurchmüssen, und es ist schmaler geworden und böser, so dass von einer unruhigen Ängstlichkeit heimgesucht wird, wer dir zusieht –.

Es ist natürlich zufällig, aber mir will es in einem gewissen Sinne notwendig scheinen, dass du heute sehr viel einsamer unter wohlberechnetem künstlichem Licht sitzt – und dich mit einer verzweifelten Hilflosigkeit wehren musst.

Es wird nüchtern alltägliche Ursachen haben, dass du mit dir und vielleicht allem um dich nicht mehr einverstanden sein kannst; vielleicht solltest du deine Hände waschen und hieltest das für nicht nötig, worauf deine Mutter mit dir schalt und dich obendrein zum Fotografen mitnahm – aber wenn man mit solchen Ereignissen nicht mehr fertig wird, liegen die Gründe nicht in den Tatsächlichkeiten allein.

Es ist schade, dass du auf diesem Bild deine Augen verbergen konntest. Auch darum war die Erinnerung mühsam und überrascht –: du bist heute eine sehr andere Gabriele.

Zudem trägst du jetzt dein Haar anders (aber erfreulicherweise ist es keine Frisur). Immerhin tut das verwandt, dass dein Haar unbekümmert und zufällig um dein Gesicht liegt – es ist nicht unordentlich, oh nein, aber es ist auch nicht zu ordentlich. Und dann bist du ja auch grösser geworden und trägst ein ernsthaftes Kleid mit einem kleinen weissen Kragen darauf, von dem ich meine, er passe nicht zu dir und den Augen die hinter deinen Lidern verstecken zu können du froh bist.

Wie traurig, unglücklich und hilflos (und weit von allem Trotz) dein Bösesein ist, sieht man an deiner freien Hand, wie sie, ungeschickt zurechtgeschoben, unangebracht und verlegen um deinen anderen Arm greift – und du warst sonst nicht verlegen, Gabriele.

Übrigens –, weisst du, dass dein Gesicht sehr zögernd aus seiner eingesperrten Unwilligkeit und Abwehr hinüberzugehen beginnt in ein uneingestandenes Interesse? Dein Gesicht liest schon, und vielleicht wollte deine linke Hand sich gerade gebärden als wolle sie sich so in deine Haltung einpassen, als läsest du, ganz vergessend, dass du vor einem Fotoapparat sitzt –

– aber bevor es dazu kommen konnte, gab es ein metallisches Knacken und dir wurde gesagt, du dürfest nun aufstehen.

Dies betrifft die Tatsache, dass der Herr Kurt Hoppenrath nunmehr in Göttingen (Johannis-Strasse 9) wohnhaft ist und nicht länger in Güstrow (Kleine Wall-Straße 2).

Mein Name ist Johnson. Ich bin am 20. Juli 1934 geboren in Kammin (Pommern). Ich lebe zur Zeit in Leipzig und studiere ebendort, sozusagen, Germanistik, an der Karl Marx-Universität nämlich.

Herr Hoppenrath ist mit mir durchaus nicht verwandt, oder verschwägert...

Wir lernten uns besonders kennen im Juli des Jahres 1951, gelegentlich gemeinsamer Betrachtungen über pädagogische Ethik, Betrachtungen die sich zusehends mit Salz anreicherten. Da solche Redeweise angesichts der schulischen Zustände in der Deutschen Demokratischen Republik einerseits unbedingt geboten schien, andererseits ganz allgemein sich als eine uns beiden eigene Vorliebe erwies, war diese Unterhaltung der Beginn einer merkwürdigen Freundschaft zwischen dem Abiturienten und dem Musik-Lehrer.

Denn ich leistete vom September 1951 bis zum Juli 1952 mein 12. Schuljahr ab an der John Brinckmann-Oberschule in Güstrow (das liegt in Mecklenburg). Herr Hoppenrath unterrichtete am gleichen Institut in den Fächern Musik und Deutsch.

Trotz der Mühen die ich Herrn Hoppenrath bereitet haben dürfte, dauerte unsere Bindung. Ich studierte in den nächsten zwei Jahren (1952/53, 1953/54), ebenfalls sozusagen, Germanistik an der Universität zu Rostock. Einleuchtender Weise war ein Besuch in Güstrow ein Besuch bei Herrn Hoppenrath. Bei solchen Gelegenheiten tauschten wir auch die idiotismen des hier modernen Schul-Betriebs gegen die Lächerlichkeiten solcher Universität und hatten Spass. Diese drei Jahre ständiger Verbindung und Zusammenarbeit scheinen mir die Auskunft zu erlauben darüber, warum dieser Herr das sowjetische Besatzungsgebiet verlassen hat.

Manche Schüler haben (sechzehn-, siebzehnjährig) die unpraktische Anlage, ihren Meinungen ziemlich direkt und rücksichtslos

Ausdruck zu verschaffen. Solche Gewohnheit ist hierzulande – belanglos, ob viel oder wenig Zeugen – jedenfalls unangenehm folgenreich. Wenn dann in empörten Konferenzen flammende Reden gehalten werden über diese (neuerliche) unerhörte Beleidigung der demokratischen Ordnung durch diesen Schüler/jene Schülerin – pflegt die Minderheit der bürgerlich denkenden Lehrer mit einmütiger Heiterkeit und verständnisvoller Psychologie solch radikale Pädagogik zu peinlichen Kompromissen und Eingeständnissen zu zwingen – Herr Hoppenrath war in dieser Technik besonders erfahren, erfreulich erfolgreich. Die Überlebenden aber brachte er allmählich zu der Überzeugung, es sei sicherer und weniger anstrengend, wenn sie ihre Lebensäusserungen auf ihn beschränkten – er habe ohnehin mehr Freude daran.

Doch war Herr Hoppenrath nicht nur bei wenigen beliebt. Man freute sich allgemein ihn zu sehen, denn er führte ergötzliche Reden. Er bemühte sich, im Gegensatz zu der obligaten Parteilichkeit marxistischer Wissenschaft, seinen Stoff einiger Massen objektiv darzustellen – es ist, heute und hier, begeisternd, jemand sagen zu hören was er denkt, um so mehr: wenn alle dasselben denken. – Er leitete den John Brinckman-Chor: das war eine seltene Gelegenheit zu wirklich musikantischer Arbeit; das Lied der Gewerkschaften brauchten wir nicht zu lernen, aber das deutsche Volkslied haben wir begriffen (mitunter ward uns auch besondere Kenntnis, etwa von der Scheusslichkeit des Dreiklanges Es-E-D). Der Chor war das einzige wahrhafte Kollektiv an dieser Schule, meine ich. Herr Hoppenrath war die unwahrscheinliche Erscheinung des vertrauenswürdigen Lehrers, ihm wurde viel erzählt. So hatte er die Möglichkeit, viele politische Unglücksfälle zu verhüten; besonders erinnere ich mich seiner Rettungsaktion gelegentlich der Kampagne gegen die evangelische »Junge Gemeinde«: Herr Hoppenrath verhinderte unzählige Märtyrer.

Es ist hierzulande das merkwürdige Phänomen gebräuchlich, dass manche Schüler auftragshalber an jeder Äusserung ihres Lehrers erwägen, ob sie für die Schulleitung von Interesse sei, oder nicht. (Übrigens ist der stellvertretende Direktor der John Brinckman-

Oberschule Sonderbeauftragter des Staatssicherheitsdienstes zumindest 1951 gewesen.) Auf solchen Wegen pflegen sich allerlei Gefährlichkeiten an unrechter Stelle anzusammeln; ich bat Herrn Hoppenrath bereits im Herbst 1952, die DDR zu verlassen, und hatte wahrlich Anlass das zu tun.
Das Verhältnis der sogenannten Neulehrer zum »rechten Flügel« des Kollegiums gestaltete sich nach der Verkündigung des Klassenkampfes aus bedenklichen Motiven intrigant und freundlich – nur unterhielten sie ihre Feindschaft nicht mit eben dem Humor und der Fairness, die beispielsweise Herr Hoppenrath darauf zu verwenden bedacht war.
Regulär waren heftige Auseinandersetzungen mit Schulleitung und Kreisschulamt, Herr Hoppenrath verstand sich, zunächst, nicht zur Fälschung von Texten, widersetzte sich beharrlich den Forderungen, aus dem John-Brinckman-Chor ein Instrument des Friedenskampfes zu machen; diese Themen immer bedenklicher variiert.
Unerträglich wurde seine Stellung, als er die freundschaftlich werbende Hand der SED (Sozialistische Einheitspartei Deutschlands) übersah. Diese Spannungen begannen im Herbst 1952. Er wurde ein speziales (und ungemein ergiebiges) Objekt der sogenannten proletarischen Wachsamkeit.
Das über Herrn Hoppenrath mittlerweile erarbeitete Material hat einen Gegenwert von sehr vielen Jahren Zuchthaus. Sein Verbrechen würde bezeichnet werden als Diversion, das ist ideologische Zersetzung durch Objektivism, Versöhnlertum etc., was alles sehr sündhaft ist. Man könnte etwa weiter behaupten, er habe den Klassenkampf in einer demokratischen Bildungsstätte demagogisch behindert (pardon) ... und die Sammlung von Belegen ist ausführlich.
Ich habe, so bedauerlich er für mich war, Herrn Hoppenraths Entschluss zur Flucht mit begeisterter Freude vernommen; denn ich besitze eine deutliche Kenntnis der Materie politischer Prozesse, und ihrer Folgen für Familie und Angehörige aller Art. Er begann seine Bücher erst einzupacken als ihm Kunde wurde: »Die Langmut der Partei hat ein Ende« (dies ist wörtlich richtig); ein solcher

Zeitpunkt ist nach den landläufigen Erfahrungen eigentlich zu spät.

Man mag sich solcher Entscheidung doch wohl nicht versehen haben. Denn es war Herrn Hoppenrath gelungen, nach völligem Verlust allen Besitzes durch den letzten Krieg, in Güstrow wieder zu Hause zu sein. Abgesehen davon, dass sein Hausstand, seine Arbeit mit dem Chor der Schule, dem Volkschor, dem Theater ihn hätten hier halten können, leben seine Schwiegereltern in Güstrow und lebt sein Vater in Schwaan bei Güstrow, Bindungen die wirtschaftliche Vorteile einer Flucht jedenfalls überwogen hätten und tatsächlich ihn immer wieder bestimmt haben, hier zu bleiben. Ausserdem besitzt Herr Hoppenrath am Insel-See bei Güstrow ein sehr erfreuliches Bootshaus (ein Treffpunkt unter anderem von Oberschülern und des »rechten Flügels«) – und Herr Hoppenrath hält Segeln für die vorzüglichste Art von Sport.

(Ich bitte um Entschuldigung für die Form des Schreibens; es war keine unbewachte oder vertrauenswürdige Schreibmaschine zu finden.)

Ich habe diese neun Seiten geschrieben auf eine Bitte des Herrn Hoppenrath hin und in der Absicht ihn durch meine Zeugenschaft als wirklichen politischen Flüchtling auszuweisen.

Uwe Johnson

Herr Uwe Johnson, wohnhaft in Leipzig O 5 Ludwigstr. 105 (geb. am 20. VII. 1934), ausgewiesen durch den Personalausweis der Deutschen Demokratischen Republik I 0516429, ausgestellt in Rostock am 15. I. 1954, – hat oben stehende Unterschrift in meiner Gegenwart vollzogen.

... Barr
Psychiatr.- u. Nervenklinik
der Universität Rostock

Der Wahlgang (1957)

Der junge Mann kam also da hin, und das war nämlich so:

Ging, ein langer magerer Jüngling in hellgrauem Mantel und schwarzem Schal, mit dunklen Gläsern vor den Augen und frech eleganten Schuhen andererseits, an einem grün eingewickelten Staketenzaun entlang, betrachtet sorgfältig diese Latten mit koketten weissen Spitzen, ist tief versonnen und im ganzen etwas blond.
Es ergibt sich dass es hier irgendwo sein muss, denn dies Gebäude (eine Schule) ist über die Massen mit blauen roten Schildern Spruchbändern geschmückt, auch die Bäume neben dem Zaun sind umarmt von Plakaten. Darauf werden Fotografien dargeboten daneben steht etwas von Frieden Nieder und von Wählt.
Das war etwa um die Zeit des Mittags, die Luft ist verhältnismässig warm und sogar die Sonne deutet sich manchmal an, viele sozusagen festtäglich gekleidete Leute gehen neben ihm kommen ihm entgegen. Da ist ein Schild Wahllokal des 106. Wahlbezirks und aus der Tür kommen verlegene Menschen. Der junge Mann trägt seine Hände in den Manteltaschen vorbei an Schulkindern die da etwelches Papier verkaufen möchten, bleibt schliesslich am Eingang stehen wo er erwartet worden ist von einem kleinen Mädchen. Das Mädchen hält eine pappene weissbraune Büchse in der Hand und schüttelt sie. Die Münzen klappern und sagen: da haben schon ganz andere gegeben, der junge Mann hat die Hände in den Taschen und sieht das rote Kreuz auf der Büchse an und kehrt erstaunt zu dem Mädchengesicht vor ihm zurück, es ist offenbar dass hinter den blauen Gläsern etwas geschieht, nein danke sagt er und grinst nun ganz deutlich, das kleine Mädchen kommt sich vor als sei es vorlaut gewesen und spricht ein wenig zögernd zu dem nächsten Gast: für ’s Deutsche Rote Kreuz – Moment mal.
Das ist denn nun also ein Flur, ein Schulflur nicht sehr hell und vertraulich fast für den jungen Mann, er bleibt zunächst einmal stehen weil da ein Plakat an die Wand genagelt ist das feststellt: Du

hast die Wahl, und der junge Mann liest den Text ganz durch, und geht einen Schritt weiter. Da ist wieder etwas geschrieben, er liest auch das; als er halb fertig ist nähert sich ihm ein Herr und fragt mit amtlicher Hilfsbereitschaft: – Bitte?
Der junge Mann nimmt ärgerlich seine Augen weg von dem Plakat und wendet sich höflich dem Herrn zu und sagt erstaunt: Bitte? Man bleibt bereits stehen, es ist alles auf stille Weise aufregend und der Skandal fällt aus.
Vorläufig. Das Kann Jeder Wissen Dass Du Für Den Frieden Bist: das ist doch mal ein Wort denkt der junge Mann und liest es gleich noch einmal und er zieht begeistert die Nase kraus. Die Türen stehen alle offen und in jedem Klassenraum ist Wahl und der junge Mann bleibt an jeder Tür ein bisschen stehn und besieht sich den Betrieb damit er sich daran gewöhnt und nicht so verlegen ist wenn es darauf ankommt. Und siehe: da ist ein Schild mit dem Namen seiner Strasse und den ungeraden Hausnummern über 100 und der junge Mann geht aus dem dämmerigen Flur in diesen hellen Klassenraum, da sind bläuliche Fäden Tabakrauch in der Sonne lose zusammengeflochten, und viele Leute sitzen hinter rot behängten Tischen und einige gehn davor herum. Gleich neben der Tür seht ein Tisch mit viel Listen/ Bleistiften, der junge Mann sieht die Dame an und sagt zurückhaltend und mit tiefer Stimme seinen Namen. Aber das glaubt sie ihm nicht, sie will den Ausweis sehen, er zeigt ihn ihr, mit Höflichkeit ihn aufschlagend. Die Dame liest überrascht und blättert mit eckiger Geübtheit in ihrer Liste, aber der Name findet sich nicht, sie liest jede Seite zweimal und sieht endlich angstvoll auf zu dem jungen Mann mit den dunklen Gläsern und fürchtet sich vor der Katastrophe.
Aber der junge Mann lächelt auf eine nette und freundliche Weise und sagt: Das ist ein Nachtrag. Man atmet auf, außerdem stimmt es, die Dame macht ein Kreuz, gibt den Ausweis zurück und sagt: Ja. Dies ist das Zeichen für den Herrn neben ihr und darauf hat er gewartet, er nimmt von zwei hohen Stapeln je einen Zettel, händigt sie dem jungen Mann aus, der verneigt sich ein wenig und geht weiter.

Da steht er nun mitten im Raum, von allen Tischen gleichweit entfernt und untersucht mit einer Gründlichkeit die etwas Unverschämtes an sich haben könnte, wäre dergleichen hier nicht ausgeschlossen – untersucht den Text und meint: dies sind die Kandidaten für die Volkskammer, da. Und das sind die Vertreter für den Bezirkstag. Und das alles zusammen ist für den Frieden. Wenn er nun aber – dies ist eine theoretische Erwägung – muss er, wenn er dagegen wäre, müsste er dies alles durchstreichen. So öffentlich ginge das aber nicht, das ist unhöflich und nachher sind sie ihm böse und das will er ja nun auch nicht.
Er hält die linke Hand in der Tasche, die Rechte mit den Zetteln hängt lose und so sucht er, Mann der Theorie, angelegentlich nach dem Ort des Geheimnisses.
...In einer Ecke sind auf einem Tisch zwei kleine Tafeln zusammengestellt, in einem Winkel von ungefähr hundert Grad: das ist die Wahlkabine. Ausserdem...: wenn er dort hingeht (eine theoretische Vorstellung), muss er zwischen diesen drei Tischen hindurch, die (sind) quer vor jener Ecke aufgestellt und daran sitzen verantwortliche Damen und Herren, es ist ein grosser leerer Raum um die Kabine und daneben hängt an der Wand ein Stück Papier: Sei offen für den Frieden. Dem jungen Mann nähert sich ein kleines eifriges Männchen und erklärt ihm, taktvoll ob vermuteter Unwissenheit und im eigentlichen Sinne zu vorkommend:
– sche, also diss sinnu die Vorschläge, nisch wahr! Un die missense da reinschdeggen, sehnse, da? Un wennse fir de Kandidaden des Friedens sinn, dann brauchense sche geine Veränderungen vorzenämm, hähä.
Der junge Mann nickt angeregt dazu und sein Gesicht gibt zu, er sei ja immer schon etwas langsam von Gedanken gewesen, bedauerlicherweise, dies aber leuchte ihm ein, dankeschön. Jedoch der Eifrige mit den Zwinkeräuglein versteht das als weiteres Zögern und teilt mit, etwas kühler und anheimstellend:
– Wenn abr – nu das gommt scho emal vor – wennsenu abr fir Evaugeh und den Undergank unseres deuren Vaderlandes sinn, dann gönnse auch die Gabine aufsuchen, bitteschön.

– Oh nein, sagt der junge Mann: aber was wollen Sie eigentlich von mir?
– Abr dassis nu doch, braust das Herrchen an, jedoch plötzlich kommen ihm Bedenken und es trippelt weiter zum nächsten Gast, hebt dessen Hand mit den Zetteln hoch und erläutert: Also. Da hamse hier de Vorschläche –, cha, cha, nadürlisch!
Dies ist der letzte Tisch. Auch dieser Herr blättert aufgeregt in der Liste, findet den Namen nicht, starrt: Das ist ein Nachtrag, sagt der junge Mann sanftmütig und abermals ist es wahr und nichts ist zu beweisen.
Nunmehr ist alles geprüft und kontrolliert, genehmigt und der junge Mann steht vor der Urne und es ist eigentlich sehr schwer. Ganz hinten am Himmel ist ein kleiner Flecken helles Blau. Darin schwimmt ein weißer Nebel, die Fensterscheiben sind nicht gewaschen. Der junge Mann hebt den Arm mit den beiden Zetteln, der Herr an der Urne öffnet den Spalt, der junge Mann faltet das Papier zwischen zwei Fingern und ungebührlich zerstreut stopft er es in die Urne. Der Spalt verschließt sich wieder, klappend, während in einer vierten Liste ein Strich geschieht. Der junge Mann sieht dieser Handbewegung hingegeben zu und steckt endlich die andere Hand auch wieder in die Tasche.
Ging ein junger Mann mit dunklen Gläsern vor den Augen, an einem Staketenzaun entlang, strich mit dem Handrücken einige Male über seine Schläfen, vor seinen Augen liefen die Latten vorbei, verzweifelt suchte er nach einem irgendwie nützlichen Gedanken.

ERSTER SCHWEIZER: Hastn Landvogt gesehen?

ZWEITER SCHWEIZER: Nee, habn nicht gesehen.

ERSTER SCHWEIZER: Mußtn Landvogt sehen!

ZWEITER SCHWEIZER: Brauche Landvogt nicht zu sehen. Habe mal einen Landvogt in Queveda gesehen. War ganz große Klasse. Ritt immer mit Sporen aus, auch aufm See. Schoß pfundschwere Äppel. Warn großer Landvogt.

ERSTER SCHWEIZER: Mußtn Landvogt doch sehen. Ist ein Biest, der Landvogt.

ZWEITER SCHWEIZER: Wieso ein Biest?

ERSTER SCHWEIZER: Schießt keine Äppel. Läßt andere schießen.

ZWEITER SCHWEIZER: Wen?

ERSTER SCHWEIZER: Tell zum Beispiel.

ZWEITER SCHWEIZER: Welchen Tell?

ERSTER SCHWEIZER: Den von Schiller.

ZWEITER SCHWEIZER: Der von Schiller ist gut.

ERSTER SCHWEIZER: Kannte einen Tell in Madrid. War Barkeeper bei Queveda. Hatten immer Gäste dort.

ZWEITER SCHWEIZER: Hier schlechte Gäste.

ERSTER SCHWEIZER: Liegt an Landvogt.

ZWEITER SCHWEIZER: Eine Art von Bedrückung.

ERSTER SCHWEIZER: Habe die Bedrückung immer gespürt.

ZWEITER SCHWEIZER: Müssen raus aus der Bedrückung. Wollen schwören!

ERSTER SCHWEIZER: Schwören ist gut.

ZWEITER SCHWEIZER: Schwören ist immer gut. Habe in Pamplona auch geschworen. Hat viel genützt.

ERSTER SCHWEIZER: Los, wollen schwören!

ZWEITER SCHWEIZER: Mit oder ohne Formel?

ERSTER SCHWEIZER: Ich will Formel. Formel ist immer gut.

ZWEITER SCHWEIZER: Also los!

ERSTER SCHWEIZER: Ich würde sagen: Wollen sein ein einzig Volk von Brüdern.

ZWEITER SCHWEIZER: Klingt gut. Weiter!

ERSTER SCHWEIZER: In keiner Not uns trennen und Gefahr.

ZWEITER SCHWEIZER: Beste Formel, die ich gehört habe. Hör auf zu schwören.

ERSTER SCHWEIZER: Dort kommt er.

ZWEITER SCHWEIZER: Wer?

ERSTER SCHWEIZER: Der Landvogt.

ZWEITER SCHWEIZER: Der Landvogt?

ERSTER SCHWEIZER: Der Landvogt!

LANDVOGT: Tell gesehen?

ZWEITER SCHWEIZER: Schwört noch.

LANDVOGT: Schwören alle heute. Wohl eine Verschwörung? Appel her!

ERSTER SCHWEIZER: Tell fehlt noch.

LANDVOGT: Dann warte ich.

ZWEITER SCHWEIZER: Gut, warten wir.

ERSTER SCHWEIZER: Habe auch mal gewartet.

ZWEITER SCHWEIZER: Wo?

ERSTER SCHWEIZER: Am Kilimandscharo. Fünf Wochen.

ZWEITER SCHWEIZER: Auf wen?

ERSTER SCHWEIZER: Stare.

ZWEITER SCHWEIZER: Stare sind gut. Kommen von Kunkel. Hat noch welche.

ERSTER SCHWEIZER: Wie viele?

ZWEITER SCHWEIZER: Nicht rauszukriegen. Spricht nicht.

ERSTER SCHWEIZER: Dort kommt Walter.

ZWEITER SCHWEIZER: Welcher Walter?

ERSTER SCHWEIZER: Walter Tell.

ZWEITER SCHWEIZER: Hat Appel aufm Kopp.

ERSTER SCHWEIZER: Hat immer Appel aufm Kopp.

ZWEITER SCHWEIZER: Warum?

ERSTER SCHWEIZER: Sucht seinen Vater.

LANDVOGT: Brauche 'ne Stange.

ZWEITER SCHWEIZER: Wozu?

LANDVOGT: Hut drauf. Leute sollen grüßen.

ERSTER SCHWEIZER: Werden kaum grüßen.
LANDVOGT: Wer nicht grüßt, muß Appel schießen.
ZWEITER SCHWEIZER: Alter Bedrücker!
ERSTER SCHWEIZER: Istn Gag.
ZWEITER SCHWEIZER: Istn Bedrückungsgag.
ERSTER SCHWEIZER: Da ist Tell.
LANDVOGT: Wo kommst du her?
TELL: Habe geschworen. War großartig.
ZWEITER SCHWEIZER: Warst doch gar nicht dabei.
TELL: Schwor im Walde so vor mich hin.
LANDVOGT: Los, Hut grüßen!
TELL: Warum?
LANDVOGT: Bloß so. Strenge Bräuche. Los, grüßen!
TELL: Keine Lust.
LANDVOGT: Grüße! Bin Staatsapparat!
TELL: Kammer nichts machen. Ich schieße. (schießt.)
ERSTER SCHWEIZER: Gut, Appel ist weg.
TELL: Habe Wut, los, macht hohle Gasse!
ZWEITER SCHWEIZER: Hohle Gasse ist gut. Ham in Madrid hohle Gasse gemacht. Beste hohle Gasse meines Lebens. Einen Landvogt nach dem anderen erschossen.
LANDVOGT: Schwyz, Uri, Unterwalden.
ERSTER SCHWEIZER: Spinnt schon.
ZWEITER SCHWEIZER: Landvögte spinnen immer. Kannte einen Landvogt in Madrid. Spann prima.
ERSTER SCHWEIZER: Ist reif für hohle Gasse. Los rein!
TELL: Guter Freiheitsgag gegen Bedrückung.
ZWEITER SCHWEIZER: Tell, schieße!
TELL: Längst geschossen.
ERSTER SCHWEIZER: Nischt gehört.
TELL: Habe Schalldämpfer.
LANDVOGT: Bin tot. Noch nie so tot gewesen.
ZWEITER SCHWEIZER: Mach mer nu?
TELL: Knechte frei.
ERSTER SCHWEIZER: Ist gut.

LANDVOGT: Schwyz, Uri, Unterwalden.
TELL: Ruhe, bist tot!
LANDVOGT: Gut.
ZWEITER SCHWEIZER: Tell, deklariere!
TELL: Alle Knechte ab sofort frei.
ERSTER SCHWEIZER: In Ordnung.
ZWEITER SCHWEIZER: War ein prima Abend.
ERSTER SCHWEIZER: Der Abend war prima.
ZWEITER SCHWEIZER: Einer der besten.
ERSTER SCHWEIZER: War was los heute!
ZWEITER SCHWEIZER: Bye bye!
ERSTER SCHWEIZER: Bye bye!

Ernest Hemingway

Jehova war der Herr, der das Meer und das Trockene gemacht hat, und die Juden waren sein Volk, er schloss einen Vertrag mit ihnen. Der ging über die menschlichen Kräfte und von Zeit zu Zeit geriet er in Vergessenheit. Dann erweckte Jehova einen Vorbedachten und Auserwählten in seinem Volke zum Propheten, der sollte dem König mit seinen Grossen und ihren Untertanen sagen wie der Herr es meine. Jesaja lebte im Unglück mit seinen Reden, Jeremia kam in die Kloake zu sitzen. Die Seele des Propheten ist empfindlich und wissend und zweiflerisch um die Stimme des Herrn zu hören und das Unglück zu erfahren.

Als die Bosheit und Sünde der Stadt Ninive vor Jehova gekommen waren, geriet er in Zorn wegen seines Gesetzes. Er berief Jona (den Sohn Amitthais, von Gath-Hahepher) und beauftragte ihn mit dem Ausrufen seines grossen Ärgers und mit der Verkündigung des nahen Untergangs in den Strassen von Ninive.

Da wollte Jona nach Tharsis fliehen. Die gelehrte Forschung dieser Hinsicht meint dass diese Stadt vielleicht in Südspanien vermutet werden könne und hält eine unvergleichliche Entfernung für jedenfalls wahrscheinlich. Als das Schiff aus dem Hafen von Joppe gelaufen war, warf Jehova einen gewaltigen Wind auf das Meer, und es entstand ein gewaltiger Sturm auf dem Meere, so dass das Schiff zu scheitern drohte. Die Besatzung warf das Los über den Schuldigen, und das Los fiel auf Jona. Da er es selbst für das Beste hielt, warfen sie ihn ins Meer, und das Meer stand ab von seinem Wüten. Und Jehova entbot einen grossen Fisch, der verschlang Jona, und Jona sang drei Tage und drei Nächte im Bauch des Fisches zu Jehova seinem Herrn. Dann spie der Fisch ihn ans Land, und Jona ging nach Ninive.

Ninive war eine über alle Massen grosse Stadt und nur in drei Tagereisen zu durchqueren. Und Jona ging in die Stadt hinein eine Tagereise weit; dann predigte er: Noch vierzig Tage, und Ninive ist zerstört!, und die Leute von Ninive erkannten Gott in seinem grossen Ärger. Sie riefen ein schlimmes Fasten aus und kleideten sich in

ihre Trauergewänder. Und der König von Ninive bedeckte sich mit dem Trauergewand und setzte sich in die Asche. Der König befahl: Menschen und Vieh sollen nichts geniessen, sie sollen nicht weiden noch Wasser trinken. Sie sollen sich in Trauer hüllen: Menschen und Vieh, und mit Macht zu Gott rufen, und sollen sich ein jeder bekehren von seinem bösen Wandel und von dem Frevel, der an seinen Händen ist. Wer weiss, vielleicht gereut es Gott doch noch. Als Gott nun alle diese Dinge sah, die sie tun wollten, gereute ihn das angedrohte Unheil, und er tat es nicht.
Das verdross Jona sehr, und er ging zornig weg. Er baute eine Hütte östlich der Stadt und sass darunter, bis er sehe wie es der Stadt ergehen werde. Und zum dritten Male redete Jehova mit ihm: Ist es recht dass du hier sitzest und lieber sterben möchtest als noch weiter leben? Aber Jona antwortete das sei recht, denn warum habe er nach Tharsis fliehen sollen? Weil du nie tust wie du gesagt hast und wie es gerecht ist nach deinem Gesetz! Und der Herr entbot einen Rizinus, dessen Saft als castor oil gehandelt wird anderswo in der Welt; der wuchs über Jona empor um seinem Haupte Schatten zu geben und ihm so seinen Unmut zu nehmen. Über diesen Rizinus freute Jona sich sehr. Am folgenden Morgen entbot Jehova einen Wurm, der stach den Rizinus, so dass er verdorrte. Und der Herr setzte Jona zu mit schwülem Wind und grosser Hitze. Da wünschte Jona sich den Tod. Der Herr aber sprach zu Jona: Ist es recht dass du so zürnest um des Rizinus willen? Jona antwortete: Das Leben ist mir verleidet. Da sagte Jehova sein Herr: Dich jammert des Rizinus, um den du keine Mühe hattest, der gross gewachsen ist und verdorben von einem Morgen zum anderen. Warum jammert dich nicht der grossen Stadt Ninive, in der über hundertundzwanzigtausend Menschen sind, die zwischen links und rechts noch nicht unterscheiden können, dazu die Menge Vieh?
Und Jona blieb sitzen im Angesicht der sündigen Stadt Ninive und wartete auf ihren Untergang länger als vierzig mal vierzig Tage? Und Jona ging aus dem Leben in den Tod der ihm lieber war? Und Jona stand auf und führte ein Leben in Ninive? Wer weiss.

Fußballspielende Jungen (15. 3. 1957)

Das ist auf der Wiese am Fluss oberhalb des Wehrs, wo die Jungen seit einigen Tagen Fussball spielen. Die letzten beiden Bäume des Parks bezeichnen mit ihren Stämmen das eine Tor und drüben ist das andere mit zwei bunten Haufen von Trainingjacken angedeutet. Denn es ist meistens um die Zeit kurz nach dem Mittag, der Wind kommt weich und warm mit dem Fluss und der gelbe Ball schwingt sich aufscheinend hoch in die Sonne über den mageren unablässig laufenden Jungengestalten. Sie sind zu fünft in blauen Pullovern und blauen auch braunen Traininganzügen oder etwa sogar einem richtigen grünen Jerseyhemd wie Hanning eins an sich hat, und sie wollen ja in keinem Falle behaupten dass dies eine angemeldete und sonstwie bedeutende Sache von Spiel sei und dass sie sich um irgend welches Rumstehen und Zusehen überhaupt kümmerten, nein, nämlich, nämlich der Ball geht zwischen ihnen hoch in die Lüfte! und landet seitwärts auf dem Hacken von Hanning, und Hanning zieht das Ding schräg über seinen Kopf hinüber zu Ete, da siehe du zu. Ete sieht zu dass er es unter seinen Sohlen stoppt und tritt dann mit gleichmütiger Künstlerschaft immer rund herum und hebt ein Bein übers andere, aber er hat Günne ja gesehen, was soll wohl sein, klar, er sieht doch die ganze Zeit nichts weiter, und endlich ruft Hanning Hier! von vor den Bäumen, und Ete lässt den Ball immer so sachte trudeln, indem Günne! Günne ihm vor die Füsse springt, und nun drehen sie sich achtsam um einander und ihre angestrengten keuchenden Gesichter schnellen vor und weg, bis Ete den Ball nach hinten hinausschiebt, also hinten ist jetzt die Richtung von Hanning, Hast du! ruft Ete, und hat er, was Hanning angeht. Im nächsten Sprung und Anstoss trifft dies für den Torwart aber auch zu, er sinkt zusammen in seinem Bauch unter dem Anprall und spritzt sofort hoch und wirft seinen Fuss zwischen die verschlungenen Gliedmassen von Karl und Ete und angelt schliesslich ohne Eile den Ball zu sich (in seine Hände, aber der jeweilige Torwart darf natürlich Hand machen) und gibt ihn in einem weiten flachen Bogen zur Mitte hin, wo Günne jetzt wieder

mal eine Weile auf dem Boden gelegen hat, das Gras sieht so trokken aus und ist doch gründlich feucht, aber indem man nun den ganzen Winter nicht so dicht an der Erde gewesen ist, kann man wohl noch ein bisschen so verbleiben und im übrigen mit Gelassenheit ein Bein in die Höchte halten und den Ball einmal ganz herumziehen um den Fuss... inzwischen sind sie alle bei ihm und Ete ist in das andere Tor gelaufen, während Christian (der Torwart von vorhin) sich des Balles angenommen hat, Ete streicht seine Haare zurück, zieht seine Hosenbeine in passliche Falten, federt in den Knien (Los, schiess) und schlägt ein Rad! ein preisliches grossmächtiges Rad bis zu dem Kleiderhaufen hin und nur so für alle Fälle, denn der Ball torkelte wie voraussichtlich ins Aus. Sie verspotten und beschimpfen sich mit ihren heiseren kippligen Stimmen, bölken ihre heftigen Mahnungen über die Wiese, und Elfmeter, und Ecke, und zurück zu Ete, Köppe! rufen sie, und der Ball kippt auf Etes Stirn um zu Günne, der ihn mit seinem Kopfe zu Boden stösst und Hanning läuft am Ball. Hanning läuft am Ball, er ist ganz und gar in seinen Beinen über denen der Körper zusammengekrümmt ist in innigem Zucken, nur die Arme schlenkern ihn ins Gleichgewicht. Der Ball knistert über das welke Gras, kriecht zutraulich hoch bis ans Knie, plumpst anmutig auf die Fuss-Spitze zurück, dreht sich wie von selbst durch die Beinschere und zieht flach davon! bis zu Günne, der mit eingestemmten Händen bloss so dasteht und lässig ein Bein in die Landschaft hebt, es ist aber das Bein, an dem der Ball sich besinnt und schräglinksrechtslinks auf die Bäume zuzackt, Alleine! Alleine! rufen die anderen. Tor. Sie kämpfen nicht anders als jeder um seine eigene Geschicklichkeit und dass sie sich gelegentlich eben den Ball wegnehmen, sie lassen einander Zeit zum Ausspielen eines Einfalls: .. und jetzt will ich doch mal sehn ob ich ihn mit dem rechten Hacken um mich herum in die Höchte kriege, kriege ich, abköppn... hast du! Tor. Sie sind an die elf zwölf Jahre alt und es ist Mitte März.
Ab und an legt sich einer auf den Boden, richtet sich mit Eile wieder zum Sitz auf, besieht unschlüssig den angefeuchteten Pulloverärmel, bleibt gedankenreich sitzen. Springt aufrecht, ruft Hier!, fällt

längelang neben den aufprallenden Ball, läuft. Hast du! Alleine! Über die Brücke am Wehr begibt sich der Strassenverkehr: Kinderwagen, paarige Krankenschwestern, alte Männer am Stock, kleine Mädchen in ihren weiten Röcken auf klingelnden Fahrrädern; der Fluss prallt und rauscht unter dem Wehr hervor. Auf der Wiese wird Fussball gespielt.

Wenn es aber völlig und unwiderruflich Nachmittag geworden ist, wird das Spiel träge und streitsüchtig. Sie streiten sich um das Schussrecht oder wer den Ball vom Aus holen soll, fassen einander tückisch um den Hals und legen sich mit Knacken und Stöhnen auf das Gras. Und der untersetzte Blonde mit dem berufsmässig schaukelnden Gang (das ist nämlich Günne) ist dann meistens der erste, der an den Fluss geht. Er legt sich längelang aufs Ufer und hält seinen oberen Kopf ins Wasser und wäscht das Köppn von seiner Stirn; bald liegen sie alle so da und murren wie kalt das Wasser immer noch sei. Dann stehen sie auf, drücken die blinkenden Wassertropfen aus ihren lang hängenden Haartollen und kämmen sich zurecht mit beiläufiger Gründlichkeit, indessen sie von anderen Dingen reden in ihrem sachlich anmassenden misstrauischen Ton. Sie gehen über die Brücke, lassen den Ball noch manchmal aufprallen neben sich, schieben ihre Fahrräder an, schwingen sich hinauf und entschwinden allesamt.

Gerücht vom Zwirn (1958)

Ich bin das Gerücht. mir zufolge: hatte eine frau in dresden an einem nachmittag im april die absicht, drei rollen zwirn sich zu kaufen, nämlich zwei weiße und eine schwarze. sie betrat nacheinander fünf geschäfte, aber immer ohne erfolg, auch das letzte. nachdenklich und langsam davongehend (sie war auf der rückkehr von ihrer arbeit), erinnerte sie sich des auswegs in allen fällen solcher art: sie setzte sich hin und schrieb einen herzlichen brief an ihren vetter im westteil von berlin mit der bitte um den zwirn, und den brief brachte sie auch noch sogleich zur post. aber am morgen wurde der brief, wie besonders immer wieder viele briefe in dieser richtung, heraussortiert aus dem großen haufen und der polizei übergeben zur prüfung des inhalts. folglich trat schon am abend ein volkspolizist bei ihr ein und beschwerte sich über diesen brief und über diese vortäuschung einer solchen not in unserem staat, hatte aber daran nicht genug, sondern forderte sie auf, ihm zu folgen in das nächste geschäft für zwirn, wo er hoffte, sie mit dem einkauf dreier rollen zwirn von ihrem unrecht zu überzeugen, sie also dermaßen zu widerlegen, daß ihr brief fast eine lüge enthielt. am ladentisch aber bekamen die beiden wieder nur die abschlägige antwort, und die frau, bestätigt, wenn auch zu ihrem schaden, erlaubte sich ein siegreiches lächeln. der polizist jedoch, so in die enge gedrängt, rief, jetzt schon etwas erregt, nach dem leiter des geschäfts, der auch so schnell wie möglich von hinten herbeisprang, gleich um den sachverhalt bat, ihn auch zu hören bekam mit groben und deutlichen worten, jetzt einen anflug von unsicherheit zeigte und von nervosität, vielleicht eben noch ausweichen wollte mit irgendeinem gerede, dann aber schnell mit einem leichten wink (aber für jedermann sichtbar) der verkäuferin zu verstehen gab, doch die wer weiß für wen zurückgehaltene schachtel mit zwirn aus der untersten lade zu ziehen und also diesem ehepaar in uniform den geforderten zwirn zu verkaufen. das geschah. und die frau, immer noch lächelnd, bezahlte, und ihr polizist, jetzt doch noch ins recht gesetzt, wenn auch auf außergewöhnliche weise, stellte laut fest: – sehen sie. es gibt bei uns zwirn! – und er lächelte auch, ganz entschieden sogar und voll Überlegenheit.

Ich bin die Frau. ich bitte um entschuldigung. das mit dem zwirn, das war doch nicht meine schuld. das kleid mußte doch genäht werden, für den betriebsausflug. und der zwirn war doch nirgends zu bekommen. also mußte ich den brief doch schreiben. ich tu das doch nicht gern. ich habe doch auch meinen stolz. und ich habe doch auch den stolz, nicht zuzugeben, daß es bei uns in manchem nicht stimmt. ich gehöre doch selbst dazu. deswegen schreibe ich doch an meinen vetter: wir sind viel weiter als ihr, mein leben ist besser geworden durch den sozialismus, bei euch ist es nur fassade. und nur ganz unten kritzle ich hin: bitte vielleicht um zwirn! das macht mir doch keinen spaß. das verbittert einem doch nur den tag. aber jetzt bin ich gar nicht verbittert, jetzt bin ich in großer unruhe wegen der polizei. das gerücht sagt, ich habe gelächelt aus trotz. aber das ist es nicht: ich hatte angst und ich habe sie auch jetzt noch. sicher ist mein name notiert bei der polizei auf der liste. sicher wird mir nichts weiter geschehen, aber ich bin dort notiert ohne meine kleinste schuld. und wenn der zwirn aufgebraucht ist und wenn ich vielleicht wieder schreiben muß um zwirn, werde ich wieder notiert werden. ich sehe da keinen weg. gestern schon hat mich der polizist angesehen wie einen feind und ich ihn auch. aber das bin ich doch nicht. wer macht uns denn da zum feind? ist denn das nötig? und könnt ihr mir helfen: ich gehe doch tag für tag, wenn ich von der schicht komme (ich arbeite auf dem güterbahnhof draußen), an den großen fenstern der spinnerei entlang und da sehe ich doch die maschinen auf vollen touren laufen. aber wenn ich da von der schicht komme und mein teil getan habe und wenn da die maschinen immer laufen und es gibt keinen zwirn, was soll ich da machen?

Ich bin der Polizist. eigentlich brauchte ich nichts zu erklären. aber das gerücht geht um und ich stehe in schlechtem licht. es sieht aus, als ob ich kein herz besäße und als ob ich der willkür diente. das aber stimmt nicht. nur das stimmt: daß wir uns zu verteidigen haben. eingreifen müssen wir, wenn wir nicht wollen, daß unser staat der arbeiter und bauern gestürzt wird. und dazu gehört auch die frage des zwirns. wir sind nicht hart. wir stellen die frau eines arbeiters nicht vor gericht und drohen ihr nicht mit strafen. aber wir belehren sie auf unsere freundliche weise. wir glauben, das hilft ihr und sie erkennt ihren fehler und ist dann geschützt vor einer wiederholung der tat. wie wir da allen dienen, so dienen wir ihr: denn sie schadet zuletzt nur sich selbst. was ist so ein brief? er ist, genau genommen, ein kleiner verrat. hinausgeschickt über unsere sicher bewachten grenzen, läßt er zweifel aufkommen an der festigkeit unseres neuen systems der gesellschaft. wie leicht heißt es da: nicht einmal zwirn! aber diese tüchtige frau eines arbeiters selbst zeigt den zweifel, wenn sie die überwindung der kleinen schwierigkeiten nicht abwarten kann, sondern verzagt und bei ihren wünschen der fassade des gegners vertraut. an dieser stelle beginnt unser dienst. vergeßt nicht, wie schwierig auch er ist. immer ist er besser zu machen. ich weiß: gestern wurde ich zornig. den ängstlichen leiter des ladens habe ich eingeschüchtert. das war nicht richtig. aber ich habe aufgedeckt, daß er waren versteckt hielt, und ich brachte den zwirn ans licht, der den leuten gefehlt hat. und das war richtig. ich weiß: das wird nicht verstanden, von ihm nicht und auch nicht von ihr. ich bekam zwar den zwirn, aber die beiden bekam ich nicht enger heran an unsere sache. vielleicht gehen sie beide herum und erzählen jetzt: zwirn bekommt man bei uns bloß mit hilfe der polizei. und das ist beinah schon hetze. und da beginnt schon wieder unser dienst. vielleicht sind wir noch schlechte marxisten. vielleicht muß ich mich kritisieren. kann ich ein besserer werden?

Ich bin der Zwirn. mich gibt es auf der ganzen welt. doch in unserem land fehle ich. ich weiß es: mich gibt es zu selten. einmal liege ich in dem einen laden und einmal in dem anderen, aber nicht in jedem und auch nicht immer. ich spüre am eigenen leib, es werden große anstrengungen gemacht, mich anzufertigen, tag und nacht.

doch bevor man von *mir* etwas hört, hört man doch eher: ich bin die bratwurst, oder auch laut: ich bin das radio.
daß ich der zwirn bin, das ist einfach. mich braucht man nicht wegzuwerfen in den tagen der revolution. vielmehr hebt man mich auf und zieht sich das loch zu im socken, der in den stiefel gehört, der über den platz hetzt, auf dem der weg zum palais führt. und der französische häftling, der sich im dunkeln die graue uniform schneidert genau mit den achselstücken des faschistischen leutnants, reißt mich unauffällig und also nur stück für stück von der dicken rolle ab, die auf dem fensterbrett liegt in der küchenbaracke, und ich widere ihn nicht an. und obgleich ich der zwirn bin, um den es nicht geht und den man nicht wegwirft voller haß, den man bloß braucht und der nur dann fehlt, wenn er eben einmal bloß gerade gebraucht wird, geht es doch immer um mich und ist doch immer um mich gegangen. denn da habe ich schon gefehlt in der woche vorm zahltag und habe nicht in der zigarrenkiste gelegen in der linken ecke des sofas und konnte also beileibe nicht den herausgerissenen blechknopf festsetzen helfen an der abgeschabten montur. ich war billig, aber nicht immer für jeden. doch im letzten krieg sogar ging die bauersfrau mit einhundertzwanzig eiern in die stadt und legte am abend dem bauern einen silberglänzenden apparat auf den tisch mit einem balg zum herausziehen und zum zusammenquetschen (das komische gesicht des italienerhahns ganz natürlich abzuknipsen), aber nicht mich. und deswegen ging es um mich, als endlich die ausgebeuteten sich zusammensetzten über dem stadtplan und ihre finger auf einen punkt neben dem güterbahnhof stellten und sich einigten: hier muß gebaut werden eine fabrik für zwirn! versteht ihr?
elf jahre steht jetzt die fabrik. und am anderen ende der stadt steht noch so eine fabrik neben zwei anderen, die schon gestanden haben. und im ganzen land arbeiten vielleicht zwei dutzend große fabriken an garn, an twist und an zwirn. in den güterzügen liege ich, die in die niederlande rollen und durchs grenzenlose sowjetische land, ebenso werde ich in die schiffe verladen, die an sizilien vorüber nach china auf fahrt sind. der arbeiter unserer städte

braucht mich für den hosenknopf so gut wie für die fahne, die neben dem stalinbild in der blumengeschmückten ecke ihn an die hoffnungsvollen tage des aufstands erinnert. wie die frau des armee-offiziers mit mir an der mütze die schwarzrotgoldene kokarde befestigt, so verbirgt die reisende alte im futter des mantels mit mir das verbotene westgeld, das im brief lag und ihr eine tasse kaffee erlaubt auf der ersten station hinter der grenze. tausend kilometer lang bin ich auf unseren straßen durch die kleider und anzüge gewunden, durch die billigen aus zellstoff, durch die teuren aus wolle, durch die des schimpfenden händlers wie durch die des aufhorchenden arztes, durch die des schwitzenden redners wie durch die des lautlos dahinfahrenden ministers. daß ich der zwirn bin, das ist eben einfach: ich bin nicht politisch. ich bin bloß der zwirn, das seht ihr! aber in diesen tagen erzählt ein gerücht: daß eine arbeiterfrau einen brief nach dem westen schrieb in guter absicht mit der bitte um zwirn, mit dem grund, weil es mich überall gibt auf der welt, aber nicht immer in unserem land. ein polizist ging zu ihr und trieb ihr das aus in guter absicht auf besondere art, mit dem grund, weil sie damit verrat übte an unserem land und auch an sich selbst.

was für ungeheuere mengen an zwirn, was für berge von mir brauchte es da, wenn unser sicherer, von vielen schnellen armeen bewachter staat, aufgerichtet unter riesigen entbehrungen auch um meinetwillen, damit auch ich immer reichlich und billig zu haben sei (und warum bin ich es nicht?), eingreifen muß in das winzige tun einer arbeiterfrau, die mich einmal eben bloß gerade gebraucht hat, damit er geschützt bleibt!

und als ich aus dem siebenten Laden kam, ich wusste ja noch paar, was war Dresden früher für eine schöne Stadt, wenn Mutti so ins Erzählen kommt, gar kein Vergleich mit jetzt, und ich hatte immer noch keinen schwarzen und keinen weissen Zwirn, das Kleid sollte aber fertig werden, wir haben Sonnabend Betriebsausflug, da gab ich es auf, dann weiss man schon Bescheid, und da setzte ich mich hin und schrieb an Tante Frida in Westberlin, gern tu ich so was ja nicht, vor dem Krieg hatten wir fast nichts mit ihr im Sinn, jetzt immer diese Bitten, wie kommt man sich vor, aber es gibt hier keinen schwarzen und keinen weissen Zwirn, schrieb ihr das, und von dem einen brauchte ich zwei und von dem anderen eine Rolle, ich mache es dann wieder gut, gleich am selben Abend ging ich noch mal runter an den Briefkasten und dachte sie hat den Brief sicher am Mittwoch, nun wird es wohl was werden bis Freitag ich bin ja auch selbst schuld, was steh ich da rum im Revier wo mich jeder sehen kann, er drückt mir den Brief in die Hand, gehen Sie da mal hin und setzen ihr den Kopf zurecht, wie er sich das vorstellt, jawohl Genosse Kommissar, das war gerade nachmittags, die arbeitet bei Ihagee, sie war eben nach Hause gekommen, haben Sie den Brief geschrieben? frage ich, sagt sie was mich das angeht, von wegen Postgeheimnis, Mensch, na wenn nun einer Sie schlechtmacht hinter Ihrem Rücken: sage ich: gehen Sie da nicht auch hin und stellen ihn zur Rede und setzen ihm den Kopf zurecht? Sie fallen sozusagen allen Werktätigen in den Rücken, die für den sozialistischen Aufbau ihr Bestes geben, aber es gibt doch keinen Zwirn: sagt sie, das wollen wir doch mal sehen: sage ich, das wollen wir doch mal sehen: sagt sie, das freche Stück

der freche Hund, dick fett vollgefressen besserwisserisch überheblich, und ich immer mit ihm auf der Strassenbahn, und er dick und vollgefressen runter am Altmarkt und Kommen Sie schon, die machen gleich zu, wer weiss was die Leute gedacht haben, in dem Laden war ich aber tatsächlich nicht gewesen, mir wurde doch ein bisschen heiss, Bitte der Herr? fragt sie, aber er zeigt mit der Schulter auf mich und nickt mir auch noch zu und sagt Bitte –, bitte: sage ich, ich hätte gern Nähzwirn, schwarzen, und bisschen weissen auch, bloss drei Rollen, ja: sagt sie, da ist schon seit drei Wochen nichts da, ist auch keine Aussicht, Nähzwirn ist ein ganz schlimmer Engpass und was ich alles schon siebenmal gehört habe gestern, und nun schon Dienstag, und mein Brief immer noch in Dresden, bei einem Volkspolizisten in der Meldetasche, Tante Frida tut das auch nicht gern auf die Dauer, wo wir doch vor dem Krieg kaum was mit ihr zu tun hatten, naja ich sage danke und will gehen, war tüchtig müde, da bleibt er doch stehen und sagt Bleiben Sie hier! und brüllt los, fängt an zu schreien Was ist denn hier los! Was soll denn das heissen!? Den Geschäftsführer mal und bisschen dalli, ja? die Frau will nach Hause, die kommt auch von der Arbeit! was geht ihn das an, und der Geschäftsführer ganz nervös und aufgeregt mit Bitte Genosse Volkspolizist und Ich verstehe gar nicht und Gnädige Frau, fängt beinah an zu zittern, kommt gar nicht zu Wort gegen das Gebrüll, mich ging das ja nichts an, und plötzlich merke ich die Verkäuferin hat sich gebückt und holt aus einer Schublade ganz hinten solche Rollen, wirklich und wahrhaftig Nähzwirn, zwei schwarze und eine weisse, Darf ich sonst noch etwas aufschreiben nein danke, das reichte mir ja nun, und er sagt der freche Kerl, steht neben mir als wären wir verheiratet, haben die auch bestimmt gedacht, na dankeschön, ach?, sagt er:

– Sehen Sie: sagte ich. Wünschte ihr viel Spass für ihren Betriebsausflug und schönes Wetter, das ist am Sonnabend, nun wird sie es wohl fertigkriegen, und liess sie den Brief zerreissen vor meinen Augen und wir schmissen ihn beide in den Papierkorb, immer die Strassen gut sauberhalten, und kam mit Dienstschluss zurück und meldete Auftrag ausgeführt Genosse Kommissar, und war pünktlich beim Abendbrot. Jawohl. Die schädigt so bald nicht wieder das Ansehen der sozialistischen Wirtschaft. Wegen ein bisschen Zwirn.

Bernd Neumann

Philologie und Biographie in Uwe Johnsons frühen Texten (1952-1959) Eine Annäherung

I. Der Student und Literaturwissenschaftler (1952-1956)

Wenn er in der rechten Laune war, konnte der Mann schon einmal zu Interviewpartnern sagen: »Ich brüste mich eines germanistischen Diploms«. In der Tat handelte es sich bei Uwe Johnson auch um einen diplomierten Germanisten. Die Arbeiten, die der Student der Germanistik und Komparatistik geschrieben hat, sie werden in diesem Band zusammengefaßt; ihre Entstehungsbedingungen sollen im folgenden so weit wie möglich rekonstruiert werden. Die hier versammelten Texte sind, mit der einzigen Ausnahme der *Tell*-Parodie, zum ersten Mal abgedruckt. Die Reihenfolge ihres Abdrucks ist die ihrer Entstehung; die nachstehende Kommentierung folgt dieser Reihenfolge.

Die Immatrikulationsarbeit *Arnold Zweig: »Der große Krieg der weißen Männer«, ein Romanzyklus* war als »Arbeit über ein aktuelles Thema von Allgemeininteresse, das in Beziehung zu dem künftigen Beruf steht«, vom Abiturienten Johnson am 25. Mai 1952 noch in Güstrow am dortigen Ullrichplatz/Feldstr. 19 geschrieben und der Universität Rostock eingereicht worden. Uwe Johnsons damaliger und auch späterer »offizieller«, für die Lebensläufe bestimmter Berufswunsch lautete Lektor. Der Text ist handschriftlich, sehr lesbar und übersichtlich gehalten. Wer mag, kann sich die Atmosphäre bei Entstehung und endlichem Abschluß dieser Schüler-Arbeit durch Lektüre der folgenden Passagen aus dem *Babendererde*-Roman vergegenwärtigen. Im Roman wohnt Jürgen Petersen in der »Fleetstrasse« mitsamt seinem auch in der Realität häufig irritierten Verhältnis zur Mutter:

> Ordentlich und mit Umsicht räumte er seine Sachen vom Tisch und breitete die zusammengefaltete Decke wieder über die Platte. Dann nahm er einen Zettel und schrieb, gebückt am Tisch stehend schrieb er auf: Bin zur Sitzung, Abends bei Babendererdes. Oder in der Schleuse. Komme erst spät zurück. [...] Er hatte keine Eile, aber er richtete sich auf mit Ungeduld. War im Zimmer noch irgend etwas aufzuräumen? Diese alte Falte in der Tischdecke ließ sich glattziehen. Auch konnte man den Zettel entweder an die Ecke oder mitten auf den Tisch legen: beides sah durchaus verschieden aus. Er lehnte ihn gegen den Aschenbecher, nahm seine Jacke vom Stuhl und ging. Stieg vorsichtig über die enge knackende Treppe (um die alte Frau Kölpin nicht zu stören), kam auf die nachmittagswarme Straße und war bei alledem froh über seine Ruhe und Wohlstimmung.

Ordentlich und mit Umsicht, und sicher ruhig und froh beim Abschluß, hat schon der Abiturient den frühesten literaturwissenschaftlichen Aufsatz, den wir aus seiner Feder kennen, verfaßt; hier schreibt er übrigens noch, was sich bereits mit der nächsten Klausurarbeit und dann konsequent für immer ändern wird, das ß anstelle eines durchgehenden ss. Auch anderes befindet sich erst im Vorstadium. Johnson denkt hier weitgehend als der Schüler eines »marxistisch« orthodoxen Deutschunterrichts, der seine Wahrheiten vor allem aus Georg Lukács' Veröffentlichungen bezog. Dies ist nachzulesen in der Festschrift der John-Brinckman-Schule von 1953, es prägte noch Johnsons Abituraufsatz, und es kehrt wieder in den zentralen Schilderungen des Deutschunterrichts in Uwe Johnsons Werk. Nirgendwo stand in den sog. »Volksdemokratien« der fünfziger Jahre Georg Lukács so hoch in Ansehen wie gerade in der DDR. Nicht in der Sowjetunion und auch nicht in seinem Vaterland Ungarn. Die eigene Lukács-Lektüre dieser Jahre hat der Autor Johnson im vierten Band der *Jahrestage* seiner Spielfigur Lockenvitz zugeschrieben, anläßlich der Lektüre des *Schach von Wuthenow* im Deutschunterricht an der »Fritz-Reuter-Ober-

Haupteingang der John-Brinckman-Schule in Güstrow

schule«. Für Lukács' Konzept ebenso wie für den Kampf gegen den »Formalismus« – die SED führte ihn ganz entschieden im Jahr 1952, und er dominierte Johnsons Abitursjahr – war Arnold Zweig ein wichtiger Autor; zudem einer, der als vormals bürgerlicher Intellektueller zu den Kräften des Fortschritts gefunden hatte. Über ihn lesen wir im *Lexikon deutschprachiger Schriftsteller,* 1968 im VEB Bibliographisches Institut Leipzig erschienen, das folgende:

> Z. verstand stets den Auftrag der Kunst in gesellschaftlich-progressivem und humanistischem Sinn; von Beginn an war er ein Gegner des Krieges und der ihn auslösenden Kräfte. Z.s Werk ist der großangelegte Versuch, die Strukturen und Zusammenhänge der imperialistischen Gesellschaft und der auf ihrem Boden entstandenen Klassenkämpfe mit literarischen Mitteln durchschaubar zu machen und zu Erkenntnis von Gesetzmäßigkeiten zu gelangen. Z., der sich in allen literarischen Genres versuchte, seine bleibenden Leistungen aber auf dem Gebiet der Epik erreichte, blieb den großen realistischen Tradi-

Aula der John-Brinckman-Schule

tionen der dt. Dichtung und der Weltliteratur verhaftet; modernistische Formexperimente lehnte er ab.

»Modernistische Formexperimente« mußte man auch an der Brinckman-Schule ablehnen; in Güstrow wird zudem die Debatte um Barlach, sie hatte zwei Jahre zuvor zur vorzeitigen Schließung der Barlach-Ausstellung in Berlin geführt, nicht vergessen gewesen sein. Arnold Zweig hatte die Ausstellung seinerzeit eröffnet. Überhaupt war Zweig der rechte Mann: ein jüdischer Intellektueller und aus dem bürgerlichen Lager, hatte er aufgrund seiner Kriegserlebnisse im Ersten Weltkrieg an der Ostfront zur Sache des Friedens und des Sozialismus gefunden. Und er war ein äußerst achtbarer Schriftsteller. Zweig gehörte, zusammen mit dem in der DDR ebenfalls hoch geehrten Autor Bernhard Kellermann (*Der Tunnel*), dem Soldatenrat in Wilna an, und er hatte sich dann, 1933 nach Frankreich und in die Tschechoslowakei emigriert, sehr aktiv im antifaschistischen Kampf engagiert. 1948 kehrte er nach Berlin zurück; saß seitdem als Abgeordneter in der Volkskammer und war 1950 mit dem Nationalpreis der DDR ausgezeichnet worden. Vor allem verkörperte er, ganz im Sinn des Lukácsschen Konzepts, einen beispielhaften Realisten, war vom ungarischen Präceptor im programmatischen Aufsatz *Es geht um den Realismus* als Gegenbeispiel zum dekadenten Expressionismus geradezu heilig gesprochen worden. Das liest sich wie folgt:

> Der ideologische Kampf gegen den Krieg war ein Hauptthema der besten Expressionisten. Was ist aber aus dieser Dichtung als Vorwegnahme des die ganze gesittete Welt bedrohenden neuen imperialistischen Krieges vorhanden? Ich glaube, niemand wird bestreiten, daß diese Dichtungen heute vollständig veraltet und auf die Gegenwart absolut unanwendbar sind. (Dagegen hat der Realist Arnold Zweig in seinem ›Sergeant Grischa‹, in seiner ›Erziehung vor Verdun‹ den Zusammenhang von Krieg und Hinterland, die soziale und individuelle Fortsetzung und Steigerung der »normalen« kapitalistischen Bestialität im Kriege so gestaltet, daß er dadurch eine ganze Reihe der wesentlichen Momente des neuen Krieges vorwegnahm.)

Wichtig erscheint hier, was in der Klammer steht; das aber war noch nicht alles. Georg Lukács hatte an anderer Stelle (zuerst in der *Internationalen Literatur,* Nr. 3, 1945, und dann, ebenfalls 1945, in einer Buch-Veröffentlichung im Aufbau-Verlag) über Arnold Zweigs Romanzyklus Sätze formuliert, die sehr genau auch des Schülers Johnson vitales Interesse gegenüber der eigenen Vorgeschichte, der Verstricktheit der Eltern in den Nationalsozialismus, formuliert haben müssen. Dies sind Erkenntnisinteressen, die sich in der *Babendererde* schon, und dann ganz reich orchestriert in den *Jahrestagen* finden: wie werden aus harmlos-»wehrlosen« Kleinbürgern am Ende »Faschisten«? Über Arnold Zweig hat Lukács in *Deutsche Literatur im Zeitalter des Imperialismus* geschrieben:

> Reich entfaltet wird das Motiv der deutschen Wehrlosigkeit in Arnold Zweigs Kriegsromanen aus dem ersten imperialisti-

Flurfenster in der John-Brinckman-Schule

schen Krieg behandelt. Der Zyklus beginnt schon vor dem Faschismus, jedoch erst das Durchleben der bitteren Erfahrungen der Hitler-Herrschaft gab der Gesellschaftsbetrachtung Arnold Zweigs die volle Einsicht und Reife. »Erziehung vor Verdun« und »Einsetzung eines Königs« zeigen diese Galerie der ideologisch wehrlosen Deutschen unvergleichlich klarer und kritisch tiefer als die früheren Romane. Auch begnügt sich Zweig nicht mit dieser reichen Darstellung eines zentralen deutschen Schicksalsproblems. Er zeichnet auch mit tiefer sozialpsychologischer Einsicht den Typus jener ehrlichen und leidenschaftlichen deutschen Intellektuellen, der bei aller Klugheit, Ehrlichkeit und Bildung in einem solchen Grad apolitisch ist, daß er von den eigenen seelisch-moralischen Voraussetzungen aus ebenso Faschist wie Antifaschist werden könnte. Er zeigt auch, wie unter den Bedingungen des preußischen Militarismus aus normalen Kleinbürgern widerliche sadistische Verbrecher herangezüchtet werden.

Uwe Johnson hatte also eine ganze Reihe von Gründen, objektive wie subjektive, für seine Aufnahmearbeit an der Universität gerade Arnold Zweig zu wählen. Und der Abiturient sah den Zyklus denn auch mit den Augen des Lukács-Adepten: lobte, daß Zweigs Gestalten für »ihre Klasse und Gesellschaftsschicht typisch« seien, und sah verwirklicht, was große Kunst laut Lukács kathartisch-pädagogisch vom Betrachter fordert: »Du mußt dein Leben ändern«. Solche Wirkung schreibt er dem antimilitaristischen Zyklus zu, der »jeden Menschen zum Kampf für das Gute in der Welt begeistern« müsse. Das klingt noch schülerhaft; doch bedeutete Johnsons Wahl anderes als bloße Taktik. Arnold Zweig hätte sich durch die antisemitischen Töne des damaligen Anti-Formalismus-Kampfs durchaus betroffen fühlen können und fühlte sich wohl auch betroffen. Daß Uwe Johnson so dachte, zeigt seine spätere Klausur über den IV. Schriftsteller-Kongreß. Zudem benannte Zweig, als kritischer Geist, 1954 anläßlich des IV. Bundestags des Kulturbundes in Dresden, warnend exakt das, was zur gleichen Zeit der Student Uwe Johnson gestaltete: die Allmacht der »kleinen Organisationen in den kleineren Orten«, mit der die jungen Menschen ihre Not hatten. Zweig führte aus, was dann in keiner überregionalen Zeitung der Republik und erst recht nicht im *Sonntag*, sondern lediglich im *Sächsischen Tageblatt* (14. 2. 1954) eher versteckt als veröffentlicht wurde:

> Heute möchte ich davon sprechen, daß sehr oft Briefe von Freunden zu mir kommen, aus kleinen Orten, vom Lande usw., die mir schreiben, wie schwer sie es haben, sich durchzusetzen gegen die Macht der kleinen Organisationen in den kleineren Orten. Je sensibler diese jungen Menschen nun sind, je weiter sie fortgeschritten sind in ihrem Gefühl, um so schwerer haben sie es mit ihrer Umgebung (Beifall), desto tiefer müssen sie leiden unter den dauernden Konflikten ihrer Umge-

Die Schüler der John-Brinckman-Schule in Güstrow bei der Demonstration zum 1. Mai 1949

bung. Ich bin der Meinung, daß wir eigentlich vom Kulturbund aus eine Beschwerdestelle schaffen müßten, wo ein Mensch sitzt, der weiter nichts tut, als die Klagen und Beschwerden der jungen und auch der alten Menschen, vor allem aber der jungen Menschen zu hören und zu lesen und ihnen dann nachgeht. [...] Eine Organisation wie die DDR, in ihrer Straffheit, in ihrem Vorwärtsdrang, in ihrer Aufbaufreude, ist Einfluß genug, und wir müssen besonders in den kleinen Orten, in den Dörfern, in den Schulen, in den Pionierparks der Kinder viel von dem Humanismus unserer Arbeit hineinlegen. Aber Humanismus und stramme Organisation haben sich immer widersprochen. Selbst die Jesuiten, welche uns eine sehr große geistige Potenz hinterlassen haben, waren in ihrer Organisation nicht so angestrengt wie wir im Aufbau der DDR.

Was Zweig hier ansprach, war nichts anderes als die Thematik der *Babendererde*. Der allzu rechtgläubige Lehrer wird dort »Pius«,

Ein Schulausflug im Jahre 1951

»der Fromme«, heißen, benannt nach dem Papst, der das Dogma der Unfehlbarkeit verkündete, auf seine Art ein sozialistischer Jesuit, freilich viel weniger kompetent in wissenschaftlich-pädagogischen Fragen, als es die Jesuiten waren. Weiterhin, nehme ich an, gingen in Johnsons Wahl zwei sehr persönliche Motive ein: Johnson war 1944 auf einer nationalsozialistischen Eliteschule gewesen; in den Kostener »Jungmann«-Tagen entstand sein lebhaftes Interesse an den amerikanischen Indianern und ihrer hoffnungslosen Stellung im »großen Krieg der weißen Männer«. Im Fall des Knaben mag das Exotismus gewesen sein; daraus wuchs dann aber auch das Geschichtskonzept der *Jahrestage.* Zum von Siegfried Unseld 1975 herausgegebenen Band *Erste Lese-Erlebnisse* hat Johnson beigesteuert:

> Von den polnischen Kindern beschmissen mit Steinen oder gefrorener Hundescheisse (denn es ist Januar), geht der Jungmann durch die zivilistischen Strassen auf die Leihbücherei,

Veranstaltung in der Aula der John-Brinckman-Schule

das Buch zurückzugeben das er errungen hat unter heftiger Anschnauzerei von seiten der staatlich angestellten Frau, ehemals von Beruf Dame. Ein Buch über die Rückzugsgefechte der nordamerikanischen Indianer, bedeckt mit einem löcherigen Mantel von Wissenschaft; das Papier ist solider.

Dieses früh erworbene Interesse ist anwesend in der den Aufsatz einleitenden Titel-Interpretation von Zweigs Zyklus. Während der Titel eher Exotisches verhieß, lieferte Zweig die Analyse des sehr naheliegenden deutsch-preußischen Militarismus mit den Mitteln epischen Erzählens. Als Autor der *Jahrestage* wird Johnson am Riverside Drive in New York in einem Haus wohnen, dessen lederfarbener Büffel-Fries nicht nur an Mecklenburgs Stierkopf-Wappen, sondern vor allem an das Schicksal der ausgerotteten Pueblo-Indianer erinnerte. Über die Marie der *Jahrestage* wird es dann heissen: »In einer Geschichtsstunde hatte sie über die Behandlung der Indianer durch Amerikas Eroberer eine Empörung laut werden lassen, die den Ablauf des Unterrichts störte und eine Diskussion

Der Direktor der John-Brinckman-Schule
in Güstrow, 1952

erforderlich machte...« Unter diesem Zeichen, das an zerstörte, besiegte Würde erinnert, ausgelöscht im Gang der Geschichte, wird vom Vietnam-Krieg und, vor allem, davon erzählt, wie Mecklenburg nationalsozialistisch wurde. Man mag hier, mit Ernst Bloch, an die rebellisch-utopischen Elemente in der Kolportage-Literatur denken; gar nicht weit entfernt davon ist auch die Walter Benjaminsche Geschichtsauffassung anzusiedeln, die Johnson geteilt haben muß: der Engel der Geschichte erblickt, blind vorwärtsgetrieben und rückwärts schauend, in der Geschichte ein Werk der Zerstörung; die Kultur wird als Beute, am Wagen des Siegers festgebunden, mitgeführt. Und das Friedens-Engagement, das die Arbeit zeigt, es war nicht nur offiziell geforderte Parteilichkeit; sondern auch lebensgeschichtlich erworbene Betroffenheit aus dem Versuch heraus, der eigenen Mutter ein anderes als das im »Dritten Reich« vermittelte Denken nahezubringen. Gleiches hat der Schüler gegenüber der sieben Jahre jüngeren Schwester, sie stand in dieser Hinsicht zwischen ihm und der Mutter, unternommen. Auch darüber gibt die Figur des Jürgen Petersen in der *Babendererde* Aus-

Im ausgeräumten Klassenzimmer, Frühjahr 1949

kunft. Der die Literatur hier als generelles Mittel zur Humanisierung der Welt auffaßt, war für seinen Fall beeindruckt von der De-Humanisierung, die er damals in der eigenen Familiengeschichte erblickte. Auch von hier aus führt ein Weg zum späteren *Jahrestage*-Epos: dort wird ja nichts anderes als die Assimilation von »wehrlosen« Kleinbürgern an den Nationalsozialismus mit den Mitteln des epischen Erfindens und für das »Untersuchungsfeld« Mecklenburg rekonstruiert. In der Aufnahme-Arbeit geschieht also doch mehr, als daß ein angehender Germanist mit Hilfe der analysierenden Auflistung von Personen unter Beweis stellt, daß er Zweigs umfänglichen Zyklus gelesen hat, und das genau. Denn der Zweigs Zyklus als »höhnische Satire auf die Phrasen des ›preussischen Mannstums‹ auffaßte, ist abei zutiefst in eigene Familiengeschichte verstrickt. Die Mutter hatte, wie für sie natürlich und richtig, das ehrenhafte Andenken des von den Sowjets abgeholten Vaters starr verteidigt, bis hinein in die schrullenhafte Durchsetzung von dessen Titel »*Ober*kontrollassistent« in den offiziellen Lebensläufen des Schülers. Dies war so eindrücklich, daß Johnson

Parodie der Schauprozesse in der Klasse von Uwe Johnson

es noch an der Figur des Lockenvitz im Abschlußband der *Jahrestage* beschrieben hat. Dagegen stand des Schülers Einsicht in den Unrechts-Charakter des »Dritten Reichs«, von der Schule vermittelt. Der Abiturient wollte am Bau eines neuen Deutschland mitwirken; ihm ging es durchaus um »Abkehr« und »Anderssein«, wie es, wiederum dem *Lexikon deutschprachiger Schriftsteller* zufolge, auch Sache des Zweigschen Zyklus gewesen war. Der nämlich

> enthält eine tiefgründige, auf Deutschland bezogene Analyse des preuß.-dt. Militarismus und darüber hinaus der gesellschaftlichen und geistigen Situation im zweiten Jahrzehnt des 20. Jh. Von den Schwierigkeiten bürgerlicher Intellektueller bei ihrer Abkehr von fragwürdig gewordenen Bindungen an die bestehenden Machtverhältnisse berichtend, schrieb der Autor (der selbst diesen schweren, von der revolutionären Arbeiterklasse gewiesenen Weg ging) ein monumentales Werk vom Anderswerden, das zugleich ein »literarisches Dokument des Übergangs vom Imperialismus zum sozialistischen Zeital-

ter« wurde, in dem wesentliche Seiten dieses Epochenvorgangs analysiert sind.

Der junge Johnson, der Zweifler schon und noch Gläubiger in einer Person war, als FDJ-Gruppenleiter ein Lehrgangsbester einerseits und doch schon der, der nur allzubald Adorno und Bloch lesen und hören würde, er muß das »Tua res agitur« aus Zweigs Werk herausgehört haben. Ein Jüngling aus politisch belasteter Familie, willens, sich kathartisch erschüttern und verwandeln zu lassen, der andererseits aber bereits tiefgreifende Zweifel gegenüber den Herrschaftspraktiken der neuen, sich sozialistisch heißenden Herren hegte. Man hatte seinen Vater abgeholt und der war in einem sowjetischen Arbeitslager (1946 im ukrainischen Kovel) zu Tode gekommen; über den toten Erich Johnson existierten, so wie dann über den toten Jakob der *Mutmassungen*, lediglich die sich widersprechenden Berichte derer, die ihn noch gekannt hatten. Gewißheit gab es nicht. Deshalb war Uwe Johnsons Wunschbiographie die des Klaus Niebuhr aus der *Babendererde*, wie er Karin Kiwus einmal verraten hat: Niebuhrs Eltern waren als politische Widerstandskämpfer in Hitlers Gaskammern gestorben. Dieser Fall lag klar: Niebuhr hatte es also viel einfacher als sein Autor Johnson – jedenfalls in der *Babendererde*. Die *Jahrestage* lassen die Niebuhrs dann weit weniger heroisch im Bombenhagel sterben, ihr Autor glaubte nicht mehr an die lebensgeschichtliche Praktikabilität ganz klarer Scheidungen zwischen Opposition und Anpassung.
Es würde noch zwei Jahre dauern, bis aus dem Adepten der Lukácsschen Ästhetik mit ihrem Identifikationsgebot auch ästhetisch-methodisch der Brechtianer geworden war, als der Johnson andererseits sich in seinen Berufswünschen bereits zeigte: Er träumte davon, Dramaturg an Brechts Berliner Theater zu werden; Lektor hieß der Berufswunsch, den er in die Lebensläufe schrieb. Als Dramaturg würde er dann die Klausuren und Referate bei Hans Mayer schreiben; würde die Stücke ansehen und analysieren auf ihre Aktualisierbarkeit hin.
Davor liegt noch die *Zwischenprüfungs-Klausur in »Marxismus-*

Leninismus«: »Wesen und Funktionen des Staates in der Periode des Übergangs vom Kapitalismus zum Sozialismus«. Die Themenstellung entsprach dem Fach, das damals in der DDR für jeden Studenten so verpflichtend war wie in der mittelalterlichen Wissenschaft die Theologie. Uwe Johnsons Arbeit datiert vom 15.4.1954 und wurde noch in Rostock, zum Abschluß des dortigen Studiums, geschrieben. Sie liegt, und das ist wert erwähnt zu werden, allerdings zeitlich nach Johnsons großem, spektakulärem Anti-FDJ-Auftritt in Sachen der »Junge Gemeinde«-Verfolgung im großen Hörsaal der Universität Rostock, einem Lehrstück in Zivilcourage. Dieser Auftritt vom April 1953 führte, und in den *Begleitumständen* ist das nachlesbar, zwar nicht zum formellen Austritt oder Ausschluß Johnsons aus der FDJ (Eberhard Fahlkes Angabe in *Uwe Johnson, Portraits und Erinnerungen*), Johnson seit 1954 aus der FDJ ausgetreten, trifft nicht zu und wird auch durch modifizierende Wiederholung nicht besser, der Rostocker Auftritt also führte faktisch zu irreparablem Bruch – auch wenn noch 1953 von Staatsseite alle Relegationen und Maßregelungen im Zusammenhang mit diesem Kirchenkampf rückgängig gemacht wurden. Dieser Bruch freilich ist der Klausur allenfalls indirekt eingeschrieben. Der Student spielte vielmehr »business as usual«. Ging mit hoher interpretatorischer Intelligenz den Gegenstand an. Und wiederum sprachlich, in der Souveränität der teilweise exquisiten Formulierungen, steht diese Arbeit auf ganz neuem, nun schon schriftstellerischem Niveau. Hier schreibt bereits der Autor der *Babendererde;* und zudem einer, dessen ideologische Linie, gemessen an der rechten Lehre in der damaligen DDR, als »linksradikal« begriffen werden könnte. Johnson forderte nämlich, und das galt seit dem Stalinschen »Sieg des Sozialismus in einem Land« als Große Trotzkistische Abweichung, die Internationalität der Revolution; die Bewaffnung des ganzen Volkes; die utopisch gedachte Überführung des Staates in einen Verwalter bloß noch von Sachen und Produktionsprozessen. Uwe Johnsons Konzept in dieser Klausur zielte auf alles andere als auf die Einführung des Sozialismus sozusagen auf Filzsohlen, wie sie seit dem 17. Juni propagiert wurde. Es ist vielmehr die Arbeit

Schulausflug der Klasse von Uwe Johnson

eines, der in den Bahnen des Brechtschen *Tage der Commune*-Modells dachte, wo wir in der 7. Szene lesen:

> »In Erwägung, daß alle Bürger ohne Unterschied sich zur Verteidigung des nationalen Territoriums bereithalten, wird das stehende Heer abgeschafft.«
> Rufe
> Fort mit den Generälen, den bezahlten Bluthunden! Es lebe das Volksheer! – Keine Klassenunterschiede mehr unter den Bürgern, keine Schranken mehr zwischen den Völkern! – Fordern wir die Arbeiter in den deutschen Heeren auf, den Arbeitern in den französischen die Hand zu reichen!
> Beifall.

Der Beifall wiederum, den der Student für seine Arbeit erhielt, war eher pflichtgemäße Anerkennung bewiesener Belesenheit und Intelligenz, also ein gedämpfter. Es macht in dem geschilderten Zusammenhang schon Sinn, daß die Beurteilung der Arbeit am Schluß darauf hinweist, daß »praktische Beispiele aus SU und DDR« fehl-

Blick aus dem Fenster des Klassenraumes von Uwe Johnson in der John-Brinckman-Schule

ten – da hatte der Marxismus-Lehrer Scheithauer auf seine Weise recht. Die Klausur wurde dennoch mit »1-2« bewertet: was angemessen war, zeigt sie doch einen sehr genauen Marx-Kenner Johnson (*Kommunistisches Manifest;* Schrift über den 18. Brumaire; Protokolle der Kölner Kommunisten-Prozesse), dessen Revolutionsmodell freilich besser in den Aufstand der westlichen Studenten von 1968 hineingepaßt hätte als in die damaligen zäh staatsbürokratischen Umwälzungs-Vorstellungen der SED. Auch wenn sich Johnson am Ende salvatorisch auf den Realpolitiker Lenin beruft, so ist sein Konzept doch eines, das wesentlich utopisch-sozialistisch und basisdemokratisch ausgerichtet war, seine Kritik des »Revisionismus«, man kann diese so auch bei Brecht finden, mit eingeschlossen. Es bewegte sich zudem parallel zur Brechtschen Anti-Bürokratie-Emphase. Der Meister Brecht hatte in seinen *Marxistischen Studien,* Stichwort »Über die Beamten«, dekretiert:

> Es ist Sache der Beamten, das Beamtentum abzubauen. Der beste Satz des besten Beamten lautet: Ich bin überflüssig ge-

Uwe Johnson mit seiner Klasse auf dem Heidberg bei Güstrow, November 1949

worden. Deshalb ist es Sache der Beamten, überall, wo eine Masse vor Aufgaben steht, in ihr Beamten zu erzeugen, welche die Aufgaben zu bewältigen helfen, aber am Ende von der bewältigten Aufgabe selber bewältigt werden können. Das schlechteste Organ des Beamten ist sein Gedächtnis. Es ist ein Lehrstück für Beamte nötig, in dem sie die Disziplinlosigkeit des »Publikums« unterstützen, Akten verbrennen und die Wahrheit anhören müssen.

Der Student Johnson seinerseits geht die Bürokratie in der Sprache des jungen Marx, der noch an junghegelianischer Religionskritik orientiert war, an, wenn er die »isolierte Heiligkeit« der Bürokratie als »Scheinheiligkeit« und weiterhin durch die Feststellung entlarvt, daß der »Verwaltungsaufwand in seinen Löhnen das Niveau der Produktionsarbeit« durchaus überschreiten würde. Das ist in großen utopischen Umrissen gedacht; und diese Utopie herrschaftsfreien Ineinandergreifens der Funktionen, die eine marxistisch-kybernetische ist, sie hat der Schriftsteller Johnson Jahre

Uwe Johnson im Kreise seiner Lehrer um 1951

später in den *Mutmassungen* in der Figur des Jakob und der Darstellung von dessen Eisenbahner-Arbeitsleben konkretisiert und kritisiert zugleich. Der Vorschein endlicher Herrschaftsfreiheit ist in beiden Fällen zugegen, in der Klausur von 1954 schon und im Debut-Roman von 1959 noch immer. Und auch in Uwe Johnsons Gutachten zu Franz Werfels utopischem Reiseroman *Der Stern der Ungeborenen* wird dieses Thema zur Abhandlung gelangen.

Damit nicht genug. Hier zum ersten Mal unternimmt der Schriftsteller als Student es auch, das als »Parteilichkeit« Geforderte untergründig-ironisch zu konterkarieren. Daß Johnson sich seine Spielart sozialistischer Utopie bewahrt hatte (im kommenden Semester würde er Ernst Bloch hören), bedeutete nicht, daß er noch irgendein Verständnis für die »Kulturförderung« seines Staates übrig gehabt hätte. Die DDR-spezifische Existenz des »Amtes für Literatur« stößt auf keinerlei Toleranz. Mit List wird ihr widersprochen, mit den Mitteln sprachlicher Intelligenz. So entstand in der Klausur die (listig in sich widersprüchlich gefügte) Formel vom

Uwe Johnson mit einem seiner Lehrer

Preis des »über das ganze Land verzweigten sensiblen und zähen Verwaltungsmechanismus«, die dann auch am Rand den fragenden Widerspruch des Korrigierenden auslöste. Johnson schreibt von dessen »kulturell-erzieherischer Funktion«, sie »hat sich zu beschäftigen mit bourgeoisen Rückständen an Individualismus und Begriffsstutzigkeit sowie mit der Angleichung des Bewusstseins an sozialistische Verhältnisse«. Ein Opfer solcher »Angleichung« war er selbst in der »Junge Gemeinde«-Affäre gewesen; und dort wie hier in der Klausur hatte er öffentlich gemacht, was die im Verborgenen arbeitende Anpassung forderte. Der belesen marxistisch argumentierende Student plaudert hier renitent das Geheimnis der Macht aus; seine Widersetzlichkeit ist bereits eine utopisch und ironisch gerichtete; er wendet sich gegen die »Marxpfaffen« im

Der Schüler Uwe Johnson ca. 1950

Geiste Bertolt Brechts, dessen marxistische Marxismus-Kritik *Me ti* er rund zehn Jahre später herausgeben wird.
Mit Brecht gegen den dogmatischen Marxismus der fünfziger Jahre: darin erging es Uwe Johnson ganz ähnlich wie dem, bei dem er sämtliche weiteren Klausuren schreiben sollte: wie dem Professor Hans Mayer in Leipzig. Das Ende dieses Versuchs war ebenfalls identisch, nur sollte es bei dem Älteren länger dauern als bei dem Jungen: die Austreibung des Propheten aus seinem Vaterland und seine Übersiedlung in den Westen. So würde die *Jonas*-Parabel entstehen; sie ist in früher Fassung hier ebenfalls abgedruckt. Zum Herbstsemester 1954 wechselte der Student von Rostock nach Leipzig. Die offizielle Begründung waren komparatistische Interessen; sicher hat der Ruhm Mayers und Blochs mitgewirkt an der

Ein Schreibort:
Rostock, Friedrich-Engels-Straße 71

Entscheidung, ebenso wie die mögliche Stasi-Überwachung und die tatsächliche Isolation unter Kommilitonen, in die Johnson nach seinen großen Protest-Auftritt in Rostock geraten war. In Leipzig war der Professor Hans Mayer zu Hause und als akademischer Lehrer ganz bei sich selbst, wie man es in *Ein Deutscher auf Widerruf* nachlesen kann:

> Wann immer ich mich befrage nach Augenblicken meines Lebens, wo ich ganz bei mir selbst war, stellt er sich ein: der Blick vom Katheder in den einstigen Hörsaal 40 der Leipziger Universität. Den Raum gibt es nicht mehr; er wurde mit den teilweise noch wohlerhaltenen Resten des Universitätsgebäudes in die Luft gesprengt, mitsamt der benachbarten Paulinerkirche,

Der Leipziger Student

weil man Platz brauchte für einen Neubau der Karl-Marx-Universität, auf Weltniveau.

Den Raum gab es damals noch; in ihm würde dann 1962 Günter Grass, von Hans Mayer zum Lesen geladen, Grüße des vertriebenen Johnson ausrichten, was nachgerade Tumulte auslöste. Und wohl im gleichen Hörsaal 40 ereignete sich die Übung »Hauptwerke der Weltliteratur im XVI. und XVII.« (so steht es im Studienbuch Johnsons) bzw. (wie sie Hans Mayer erinnert) »Meisterwerke der europäischen Literatur im 17. Jahrhundert«. Teilnehmer war, im Frühjahr 1955, der noch neue Student aus dem nebligen Norden, den seine Freunde in der sächsischen Metropole da schon »Ossian« hießen. Zwischen Mitte März und Mitte Mai 1955 spielte sich ab, was Mayer im II. Band des *Deutschen auf Widerruf* (S. 111) wie folgt erinnert: »Ossians« recht triumphaler Einzug in die Sphäre des bekannten Gelehrten, der, auf seine kritische Weise, bemüht war, die marxistische Literaturwissenschaft auf Weltniveau zu bringen:

> Trotzdem hatte meine Arbeit im Bereich der Vergleichenden Literaturgeschichte ein unerwartetes Ergebnis. Ein Seminar über Texte der europäischen Literatur im 17. Jahrhundert wurde angekündigt. Dazu gehörte der Engländer Thomas Otway, ein Dramatiker, dessen Schauspiel »Venice Preserved« zu Beginn unseres Jahrhunderts durch Hugo von Hofmannsthal übersetzt und bearbeitet worden war: »Das gerettete Venedig«. Bei Verteilung der Referate zu Beginn des Semesters war auch das Thema Otway vergeben worden. Der Student, der im Seminar seinen Text vortrug, ein langer Blonder mit merkwürdigen Augen, war eine Überraschung. Nach ein paar Minuten hörten wir alle aufmerksam zu. Er las sehr gut vor, ausgezeichneter englischer Akzent beim Vortrag der Zitate aus Otway, reines Norddeutsch, ganz und gar kein Sachse also; er hatte gründlich gearbeitet. Alles paßte zueinander: eine klare Schreibweise, kluge, bisweilen boshafte Bewertungen des Otway, wie vor allem auch des Hofmannsthal. Auf irgendwelchen geistesgeschichtlichen Idealismus hatte sich dieser stud. phil. nicht eingelassen.

Das *Referat über Thomas Otway,* das Johnson hielt und das ihm Hans Mayer mit »Sehr gut« benotete, liegt hier nun abgedruckt vor. Johnson hatte es vorgetragen, es existiert deshalb nur in schwer lesbarer handschriftlicher Form. Was der Vortragende selbst als Schriftsteller aus dem Vorgang gemacht hat, das ist, in jenem charakteristischen, ironischen Umkehrvorgang, wie er dann auch die Gestalt des jungen Herrn B. als »selbstbiographische« in *Zwei Ansichten* hervorbringen wird, in den *Mutmassungen* nachzulesen, mit dem Anglistik-Dozenten Dr. Bloch in der Rolle des

Professors Mayer und statt des brillanten, damals noch schlanken langen Blonden mit einem langweiligen, aber ebenfalls blonden Dicken in der Rolle des Studenten. Das Zitat aus den *Mutmassungen* mag seine Länge durch den geschilderten Hintergrund rechtfertigen; es ist ein Vexier- und Umkehrspiel mit faktisch Vorgefallenem. Und es gibt Auskunft über das Spannungsverhältnis zwischen idealistischer Geistesgeschichte und marxistischer Sozialgeschichte der Literatur, wie es für Leipzig als Studienort damals charakteristisch und in den Personen Mayer und Korff verkörpert war. Das alles und noch viel mehr (Uwe Johnsons damalige linguistische Interessen; wiederum seine Teilnahme an englischer Sprach- und Literaturgeschichte) findet sich im folgenden längeren Zitat. Damit soll, natürlich, Literatur nicht selbstbiographisch rückrechenbar gemacht werden; sondern die Atmosphäre beschworen werden, in der »Ossians« großes Otway-Referat entstand und vorgetragen wurde. In den *Mutmassungen* steht geschrieben (S. 100 ff.):

> Notwendig sind nur wenige mittelgrosse Zimmer in einem Gebäude, das allerdings durch etliche Würde einer hauptstädtischen Umgebung und des eigenen Aussehens ausgezeichnet sein sollte vor den dicht an dicht gedrängten Bauten zu profanem Nutzen (Kasernen, Fabriken, Miethäuser). [...] In einem von den Zimmern sei die Bibliothek aufgestellt, sie sammelt möglich viel von den Büchern und Zeitschriften der einschlägigen Wissenschaft; im nächsten Zimmer sitzt die Sekretärin zwischen Schreibmaschine und Aktenschrank und jahrüber grünenden Pflanzen; das Zimmer des Chefs versucht stille Ehrwürde mit überalterten Büromöbeln und Buchrücken und Karteikästen. Nun setze man das Ganze mit Hörsälen und Seminaren und Assistentenzimmern unter Glas und sperre den Zutritt für Unbefugte und sehe einige Jahrhunderte später wieder nach; siehe, der Wissenschaft wird kein Schade geschehen sein.
> [...]
> Die Englische Philologie (Anglistik und Amerikanistik) befasst sich mit der Geschichte der angelsächsischen Sprache und Lite-

ratur. Die eigens auf den Lautstand gerichtete Linguistik untersucht die reine Sprache und deren erstaunliche Veränderungen von den frühesten Dokumenten bis zur Gegenwart; sie ist immer etwas in Verlegenheit, denn die Schreiber etwa des elften Jahrhunderts mögen wie die des zwanzigsten nicht die genaue sondern eine sehr ungefähre Aussprache schriftlich aufbewahrt haben, die Tradition als fahrlässige Gewohnheit, und es gibt keine Erklärungen für den Übergang von o zu a aus offenbar heiterem Himmel, solche Dinge beweisen nur dass es nicht bleibt wie es ist in menschlichen Angelegenheiten. So kann die Linguistik die Veränderungen nur beschreiben einzeln oder in einem vermuteten Zusammenhang; es gibt allerdings Regeln. [...] Die Sprache lebt mit der Gemeinschaft, von der sie gesprochen wird, und vergeht mit ihr; in der Literatur aber ist uns erhalten das Weltverhältnis eines einzelnen Subjektes, soll man eigens achten auf das Subjekt, das achtzehnte Jahrhundert geistesgeschichtlich betrachtet, und welcher sprachlichen Mittel es sich bedient zur Erfassung und Bewältigung der Welt? Der Bildwandel der englischen Lyrik im Überblick der Jahrhunderte. [...] Andererseits, hingegen, wenn die Geschichte eine ist von Klassenkämpfen, die Literatur als anschauliche Illustration zu den Lehren des Marxismus, unstreitiger Nutzen, was ist gegen das Mehrwertgesetz etwa einzuwenden? Und wenn nun eines Tages jedes in literarischer Absicht hingeschriebene Wort um und um gedreht ist und unsere Kenntnis der angelsächsischen Sprache und aller irgend beteiligten Kulturkreise ist umfassend, lückenlos, wie versehen wir uns der Gegenwart? [...]

Soweit die Voraussetzungen; nun folgt der Auftritt selbst:

Jonas Blach sass an der Rückwand des Seminarraums unter den Studenten und horchte dem unbeständigen Geräusch der Stimme nach, die sich in erregten Betonungen hell aufschwang, mürbe abfiel, spröde vortastend den neuen Ansatz suchte. Das

Gesicht des jugendlichen Redners war blond und dick und wie leergesogen von der Anstrengung des beaufsichtigten Sprechens, blicklos abwesend starrten seine übermüdeten Augen in heftigen Kopfrucken vom Papier auf die leere Wand neben dem Kopf des Seminarleiters; wenn er auf die Wandtafel deutete, blieb seine Hand in halbem Ausfahren stecken und fiel achtlos zurück an die Kante des Pultes und klammerte sich fest. Herr Blach sass Knöchel über Knie gelegt schräg gegen die Wand und betrachtete seine Fingernägel, Oberschüler: dachte er. Das Referat war nach dem berühmten Schema Einleitung-Hauptteil-Schluss schulgemäss aufgebaut, deutlich waren die Nahtstellen zwischen den benutzten Büchern abzuhören, die Aufgabe war gestellt worden, nun wurde sie erfüllt, für eigensinniges Augenmerk war keine Gelegenheit. Da also die Bühne der Shakespeare-Zeit keine szenischen Hilfsmittel besass, wurden Anzeigetafeln für die Angabe von Zeit und Örtlichkeit benutzt, hierdurch erklärt sich dass am Anfang nahezu jedes Dramas die Personen sich selbst oder einander dem Publikum vorstellen; in der hinteren Wand tönte mit anmasslicher Feierlichkeit spinnwebdünnes Orgelspiel aus den Räumen des Institut für Musikgeschichte, am Rednerpult raschelte Papier, die Studenten sassen zurückgelehnt in der durch achtzig Minuten Stillsitzens befestigten Haltung innigen Zuhörens, zwei Mädchen schrieben mit zwischen breit gespreizten Ellbogen. Die drei schmalhohen stumpfbogigen Fenster sahen in den Innenhof des wehrtrutzigen nebelgrauen Gebäudekarrees, schal und fahl kam das Oktoberlicht in die kalte abgestandene Luft des würfeligen Raumes. Die erschöpfte Stimme gewann die Sicherheit der Schlussformel, die gebildet wurde nach der Gewohnheit des Chefs und im ganzen bedeutete dass man nun vielleicht Bescheid wisse vielleicht aber auch nicht (kaum mehr als Mutmassungen und Andeutungen erworben habe). Und da Dr. Blach in der unerschöpflich bereitwilligen Aufmerksamkeit seines Blicks verharrte, fügte der Redner betroffen hinzu: Das sei es. Trat neben das Pult, kippte sein Papier in die Armbeuge, begab sich vom Podest auf die Ebene des Fussbodens und knickte krumm über dem leeren schützenden Stuhl in der Mitte zwischen den Tischen. Aber Dr. Blach hatte längst gesagt »Ach so« wie überrascht mit seiner klaren gewandten achtsamen Aussprache, eilig setzte er hinzu: »Ja. Ich danke Ihnen. Bitte. Setzen Sie sich doch, bitte«, denn es war nicht nur Höflichkeit in Herrn Blachs Benehmen, während die Stuhlbeine auf den Fliesen kratzten und scharrten und die Jungen und Mädchen sich rückwärts wandten und dem Seminarleiter mitteilten ihre Meinung über Anlage und Aussage des angehörigen Referats; reglos hielt er seinen kühlen zweiflerischen Kopf an der erkälteten orgeldurchtönten Wand und gewärtigte in seiner Vorstellung dass diese Arbeit angefertigt war in den überfüllten Sälen der Bibliothek rücksichtslosen Gesprächen kleinmütigen Spaziergängen und scheinbar kristallklaren Nachtstunden in einem möblierten Zimmer zwischen Bett und Waschtisch mit Mühe und Anspannung; er einigte sich auch freundlich blickweise mit dem Referenten, in dessen allmählich beruhigtem Gesicht über den Wangenknochen die Röte blasser wurde von einem Atemzug zum anderen.

Soviel zur Situation von literaturwissenschaftlicher Arbeit und wissenschaftlichem Vortrag, wie sie im Frühjahr 1955 an Leipzigs Universität vorgelegen haben muß. Der Student Johnson, in allem das Gegenteil des blonden Dicken aus obigem Zitat, befleißigte sich einer ausgezeichneten englischen Aussprache – er hatte sie in Rostock vor allem bei der älteren, würdigen Engländerin Alice Hensan gelernt –, und er hing einer undogmatisch marxistischen, ideologiekritischen Methode an, man würde sie heute sozialgeschichtlich nennen. Das Referat zeigt einen Uwe Johnson, der sich in der Geschichte des englischen Materialismus frappierend gut auskennt. Die leichte Ironie des Textes gilt Hofmannsthals bürgerlicher Freundschafts-Emphase, wie sie dessen Übersetzung des Otway-Textes kennzeichnet. Zum ersten Mal in der Geschichte seiner Klausuren hat Johnson hier die restlose Auflösung des blassen Wis-

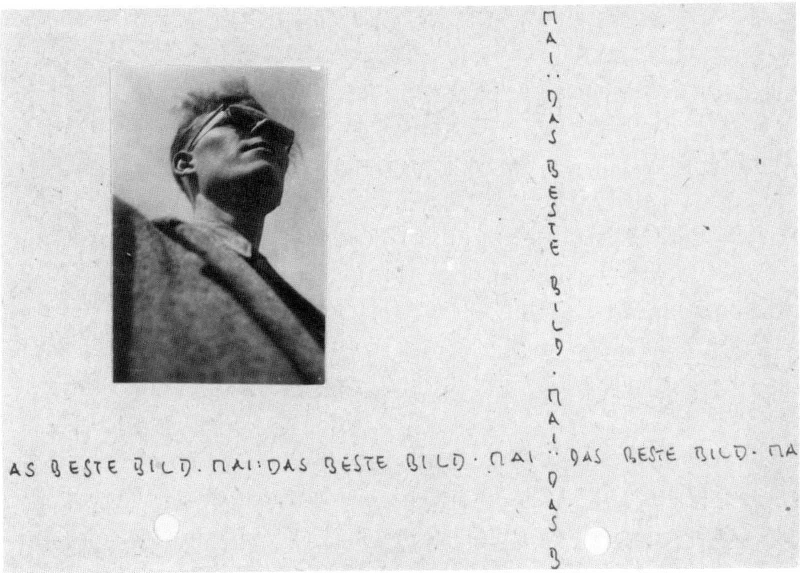
MAI: DAS BESTE BILD. MAI: DAS B

AS BESTE BILD. MAI: DAS BESTE BILD · MAI: DAS BESTE BILD · MA

Rückseite einer Karte an Heinz Lehmbäcker

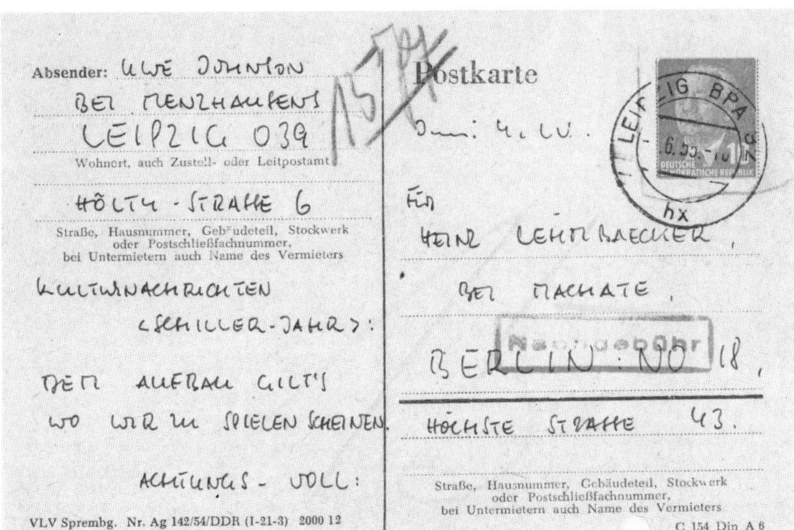
Absender: Uwe Johnson
bei Menzhausens
Leipzig O39
Wohnort, auch Zustell- oder Leitpostamt
Hölty-Straße 6
Straße, Hausnummer, Gebäudeteil, Stockwerk oder Postschließfachnummer, bei Untermietern auch Name des Vermieters
Kulturnachrichten
<Schiller-Jahr>:
Dem Aufbau gilt's
wo wir zu spielen scheinen.
Achtungs-voll:
VLV Sprembg. Nr. Ag 142/54/DDR (I-21-3) 2000 12
...it Vorstand)!

Postkarte
Dom: 4. VI.
Für
Heinz Lehmbaecker,
bei Machate,
Nachgebühr
Berlin: NO 18,
Höchste Straße 43.
Straße, Hausnummer, Gebäudeteil, Stockwerk oder Postschließfachnummer, bei Untermietern auch Name des Vermieters
C 154 Din A 6

Vorderseite der Karte

senschaftsjargons in die farbige Besonderheit seines Erzähl-Sounds geleistet, begründet in den Besonderheiten der Wortstellung, den parataktischen Satzfügungen und der objektivierenden, umschreibenden Benennung allzu bekannter Sachverhalte. Das Referat setzt Mayers Bestreben, »den Marxismus auf Weltniveau zu bringen«, mit Johnsons Mitteln fort; doch »Ossian« hatte sich das philologische Wissen durchaus auch mit Blick auf den Roman, an dem er schrieb, angeeignet. Denn die sozialgeschichtlichen Konturen des Elisabethanischen Zeitalters, die der Student mit Blick auf Otway nachzeichnet, sie kehren ja wieder als Inhalt der Englisch-Stunde in der *Babendererde,* wo sich Klaus und Jürgen über die »mental reservations« der englischen Puritaner und deren jungfräulicher Königin Elizabeth streiten. Bemerkenswert scheint weiterhin Uwe Johnsons Interesse an dem »Puritaner« John Milton, dem ein ganzes Kapitel gewidmet wird. Johnson hat Milton als den Dichter seiner Nation portraitiert, über die Maßen fasziniert vom renaissancehaften Nebeneinander von Dichtung und politischer Aktion. Der Text, nun schon in Johnsonscher Manier auf nur Zweidrittel der jeweiligen Seite geschrieben mit freiem Rand für Korrekturen und regieähnliche Stichworte, umfaßt immerhin 36 handschriftliche Seiten.

Ich halte übrigens für wahrscheinlich, daß der lange Blonde beim Vortrag bestimmte Passagen, die über Milton wären denkbar, ausgelassen hat; doch wird er andererseits 60 bis 70 Minuten Zeit gehabt haben. Der Referat-Text inszeniert sich selbst als ein vorzutragender, eben als ein Hör-Text. Die *Mutmassungen* werden ein Dialog-Roman sein, niedergeschrieben gleichsam nach Diktat der Stimmen, die der intensiv Erfindende in seinem Kopf zum Erklingen gebracht hatte: damit setzte die Niederschrifts-Geschichte des Romans ein. In *Marthas Ferien* stattet Johnson seine männliche selbstbiographische Spielfigur mit der Stimme eines Radiosprechers aus, wie er sie selbst besaß. Über die Affinitäten der Johnsonschen Texte zum Medium des Radios ist bislang noch nicht nachgedacht worden. Als Text über ein Theaterstück; als Referat eines, der bei Brecht Dramaturg werden wollte; schließlich als die Arbeit eines,

Ein Schreibort: Leipzig, Ludwigstraße 105

der später einige Passagen aus Schillers *Tell* als Hörspiel im Hemingway-Stil umarbeiten würde, ist diese Arbeit ganz konsequent auf ihre eigene Inszenierung bedacht. Nachdem nämlich Uwe Johnson das Zeitalter umrissen und dessen Dichter (Milton, Dryden, Otway) präsentiert hat, gelangt er zur Analyse des Dramas selbst, mit den Worten: »Womit wir am Ende des Programmheftes angelangt wären, und die Aufführung beginnen könnte.« So setzte sie ein, die Aufführung des *Geretteten Venedig* unter der Anleitung des Studiosus Johnson, aufgeführt durch die Seminartruppe des berühmten Abweichlers Professor Hans Mayer. Die Schaubühne war der ehrwürdige Hörsaal 40. Johnson las mit gutturaler Stimme und konzentrierter Präzision; Hans Mayer entdeckte in diesen beiden Stunden ein neues, großes Talent, das er systematisch fördern würde. Dieses Talent war jetzt schon ganz bei sich selbst und machte keinerlei stilistische Kompromisse mehr.

Die geisteswissenschaftliche Substanz des Johnson-Referats stützte sich zuallererst auf drei Bücher, die partiell auch zitiert werden: auf Maurice Conforth, *Science versus Idealism*, dt. als *Vernunft kontra*

Idealismus 1952 in Berlin erschienen; auf *Chambers Cyclopedia of English Literature*, Cambridge 1911 und Walter Schirmer, *Antike, Renaissance und Puritanismus,* München 1933. Johnsons Klausur-Satz über das Ende des nur 33jährigen Otway: »man erzählt da verschiedene Geschichten«, verweist unzweideutig auf Chambers (En)cyclopedia, wo man noch in der Ausgabe von 1950 liest:

> There is no doubt that Otway spent his last years in poverty and he is said to have been heavily in dept. There is, however, no reason to believe the lurid tale that his death was caused by swallowing of bread when he was in a starving condition. Various other legends about his life must also be discredited. The story that he was in love with Mrs Barry and persecuted by Rochester is not supported by reliable evidence. Six love letters alleged to have been written by him to Mrs Barry were printed by Tom Brown in 1697, but it is by no means certain that they are genuine and, if they are, it is unlikely that Mrs Barry is the person to whom they are addressed. Rochester satirized Otway in A Session of the Poets and Otway returned the compliment in The Poet's Complaint of his Muse.

Andererseits macht gerade die Lektüre des Otway-Artikels in Chambers Lexikon deutlich, daß Uwe Johnson sich für sein Referat noch anderer, eingehenderer Informationsquellen bedient haben muß. Es spielte der Vortrag vom 18. März 1955 des Budapester Professors Luther mit dem Titel: »Milton. A Bourgeois Revolutionary« seine Rolle, zu dem Mayer das Seminar ›dringlich‹ eingeladen hatte. Luther war dennoch nicht von Hans Mayer selbst eingeladen worden, sondern vom Englischen Institut, an dem wiederum Johnson Hörer war (und, u. a., auch über James Joyces *Ulysses* hörte). Entscheidend scheint mir zu sein, daß sich der Student zu dem Theaterstück Otways und zu dessen Übersetzung ins Deutsche durch Hugo von Hofmannsthal so verhielt, wie sich ein Dramaturg, und zwar einer der Brechtschen Schule, bei der Neuinszenierung eines schon historisch gewordenen Theaterstücks zu verhalten hat:

durch kritischen, auch ironischen Aufweis des Überholten das Stück zu einem heutigen zu machen. So war Brecht gegenüber Lenz' *Hofmeister* verfahren; so verfährt in der *Babendererde* Klaus, wenn er anstelle der originalen Version von Schillers *Bürgschaft* deren sarkastische Adaption durch Brecht provozierend zitiert: »Oh edle Zeit, oh menschliches Gebaren!« So konnte man aus dem Alten das Neue und aus »Bildungsgut« wieder lebendige Kunst entlassen; es war dies eine Vorgehensweise, die scharf gegen die von Lukács geprägte, auf der Brinckman-Schule gelehrte und allgemein in der DDR jener Tage herrschende unkritische Kontemplation des »Erbes« gerichtet war. Hans Mayer war das willkommen; war es doch das, was Ernst Bloch (und Hanns Eisler) unter der »Kunst zu erben« verstanden. Insofern war Johnson, der sich in der Otway-Arbeit übrigens als recht belesener Engels-Kenner zeigt, in der Tat in Leipzig angekommen. Dieses Referat ist Zeugnis vollzogener Emanzipation aus anfangs noch orthodoxer, an Lukács-Texten gewonnener Literaturexegese; ist andererseits durchaus Beleg für kritisch-materialistisches Denken, das dem Verhältnis von (Sozial-)-Geschichte und Literatur nachfragt. Daneben springt Johnsons Interesse an Persönlichkeit und Biographie ins Auge, sei es an der Miltons oder an der Otways; der Student schreibt Kurzbiographien über beide, beeindruckt von allem durch die renaissancehafte Synthese aus Tat und Schreiben im Falle des John Milton: »a bourgeois revolutionary« war der, in Tat und Schrift, und im Verhältnis von beidem zueinander, noch gewesen. Hier artikulierte sich ein Faible für die Zeiten bürgerlich revolutionärer Umwälzungen und ihre Literatur, das Johnson mit seinem Lehrer Hans Mayer teilte. Die Lust des Studenten am Nebeneinander von puritanischem Rigorismus einerseits und renaissancehafter Zügellosigkeit auf der anderen Seite ist nicht zu übersehen; Otways mild gesagt unglückliche Liebe zu Mrs. Barry ist ihm manche sarkastisch-verständnisvolle Zeile wert.

Im Zentrum der Interpretation steht freilich die Parteinahme für den bürgerlich-oppositionellen Dramatiker unter den Bedingungen feudaler Restauration. Johnson präpariert scharfsinnig heraus, wie

Steilküste bei Ahrenshoop

der Antagonismus von latenter bürgerlicher Opposition und manifest gemachtem, behauptetem Respekt der adligen Oberherrschaft gegenüber (das entwürdigende Widmungs-Unwesen, eindrücklich nachzulesen auch in Arnold Hausers *Sozialgeschichte der Literatur und Kunst*) sich auf die Struktur des Stückes ausgewirkt hat. Die Spannung des Stücks, so des Studenten Hauptthese, bestehe nicht in der Aufdeckung eines Komplotts; sondern in der zum Scheitern verurteilten bürgerlichen Opposition unter der Bedingung feudaler Restauration. Diese objektiven Widersprüche interessieren den Literatur-Studenten; sie vor allem sieht er in Hofmannsthals Übersetzung bis zur Kenntlichkeit vorangetrieben. Insofern ist sein Verhältnis zum Übersetzer Hofmannsthal ein wenn schon ironisches, dann produktiv-ironisches; er orientiert sich an dem Österreicher bei der Herausarbeitung von Otways latent »bürgerlichem« Anliegen. Die Übersetzung habe »herausgearbeitet was bei Otway noch verhüllt neben einander läuft: gerade Jaffier und Belvidera dienen dem Untergang Pierres [als] eines bürgerlichen Empörten«. Hofmannsthals Übersetzung zieht also nicht zuallererst Ironie auf sich, sondern sie dient als hermeneutische Wünschelrute zum Aufdecken der bereits bei Otway angelegten Widersprüche. Scharfsinnig, mit Lust an der Analyse diagnostiziert Johnsons Dramaturgen-Blick den Widerspruch zwischen feudaler Theaterkonvention und bürgerlichem Oppositionswillen; sein ideologiekritischer Blick gesteht dem Verschwörer Pierre durchaus Substantialität der Ziele, Kraft und Entschlossenheit des Charakters zu. Doch diese »feudalen« Stärken müssen notwendig mit dem empfindsamen bürgerlichen Zentralwert des Dramas: der Freundschaft kollidieren. Johnson konkludiert dann souverän mit dem antithetisch verschlungenen Befund:

> es bleibt der Eindruck hier sei mit unangebrachten Mitteln Tragik hergestellt worden (bei Priuli sogar auf der durchaus falschen Seite): indem nämlich bürgerliche Ideen wie Ehre Freundschaft Liebe hochgehalten und aristokratischer Unwürdigkeit entgegengehalten werden; Ideen hochgehalten aber tatsächliche Aktionen geleugnet werden. So weit geleugnet werden dass am Ende wirklich die Falschen tot auf der Bühne liegen.
>
> »Venice Preserved« ist in einem verzweifelt typischen Sinne ein Drama aus der Zeit von 1660 bis 1688, das Drama eines Bürgers der meinte Royalist zu sein, das Drama eines Bürgertums das sich als berechtigt empfand / und als berechtigter / aber nicht den Mut hatte und nicht die Möglichkeit dies sich tatsächlich zuzugestehen und praktisch zu verwirklichen.

Es ist ins Auge fallend, daß Uwe Johnson hier mit Otways Stück ganz genau so umgeht, wie Brecht vor ihm mit den Stücken Shakespeares und denen des »Sturm-und-Drang« umgegangen war. Das Interesse der Heutigen an diesen historischen Stücken sollte ideologiekritisch herausinterpretiert werden; man durfte nicht, so Brecht, die gesellschaftlichen Widersprüche über der zeitgenössisch geforderten »Tragödie der Ehre« aus dem Blick verlieren. Anleitungen dazu hatte Brecht als Anmerkungen zum *Hofmeister* und zum *Co-*

riolan bereits Anfang der fünfziger Jahre veröffentlicht; der Schüler Johnson mag sie gelesen haben. Der Student jedenfalls schließt sein Otway-Referat wie folgt:

> Und eben das ist fragwürdig: ob die Ehre die mit Beseitigung solcher Gestalten steht und fällt so gründlich hätte in Frage gestellt werden dürfen, dass unerträgliche Zustände bestehen bleiben, und allenfalls Gelegenheit geben im Untergang Seelengrösse zu beweisen.

Bei Brecht stand, bezogen auf den *Coriolan*, zu lesen:

> Was das Vergnügen am Helden und das Tragische betrifft, müssen wir die bloße Einfühlung in den Helden Marcius hinter uns bringen, um zu einem reicheren Vergnügen zu gelangen; wir müssen zumindest imstande sein, außer der Tragödie des Coriolan auch die Tragödie Roms, insbesondere der Plebs zu »erleben«.
> Es ist nicht nötig – und bei dem Genie des Shakespeare nicht möglich –, die »Tragödie des Stolzes« außer acht zu lassen oder auch nur abzustumpfen. Es mag dabei bleiben, daß es sich für den Coriolan lohnt, seinen Stolz so maßlos auszuleben, daß Tod und Untergang da nicht »ins Gewicht fallen«. Aber schließlich bezahlt die Gesellschaft, bezahlt Rom mit; es kommt ebenfalls in die Nähe des Untergangs dadurch.

Daß die Zusammenstellung der Zitate keinerlei »Äbhängigkeit« des jungen Johnson von Brecht nahelegen will, versteht sich von selbst. Der Tatbestand spricht für sich: mit erstaunlicher Selbständigkeit, geradezu frech in absolutem Willen zum eigenen Stil hatte hier ein 21jähriger aus der nordischen Provinz zum kritischen Umgang mit dem »Erbe« gefunden. Bei Lukács war so etwas nicht zu lernen. Hans Mayer mußte beeindruckt sein. Von da an war Uwe Johnson zum inneren Kreis des Professors zugelassen, gelangte also an die Quelle der »Mayer-Geschichten«, von denen, zusammen mit

Haus in Ahrenshoop

den »Bloch-Geschichten«, der akademische Ort Leipzig damals angefüllt war. Hatte Zugang nicht mehr nur zur Sprechstunde, sondern auch zur Privatwohnung Mayers in der Tschaikowskistraße. Das häusliche Ambiente des Weitgereisten und immer zu neuen Orten Aufbrechenden; wie der Ältere den Jüngeren als ebenbürtigen Gesprächspartner akzeptierte, das hat Johnson uns in *Einer meiner Lehrer* aufgeschrieben:

> Auch die Wohnung in der Leipziger Tschaikowskistrasse hatte eine Schleuse. Es war die Küche, unerhört reinlich und kahl, in der man zu warten hatte, bis die Vermieterin, die auch die Haushälterin war, sich im Türrahmen manifestierte und sagte: Herr Professor ist jetzt fertig mit dem Diktat. Hier lang. Auf dem Flur hingen Fotografien, die Schriftsteller beim Fotografiertwerden zeigten. Im Besuchszimmer stand der Gästesessel neben den Regalfächern für die Zeit von 1800 bis 1840, und der Besucher hatte das Licht im Gesicht, so dass er sein Gegenüber nicht genau erkannte.

> Das ist nichts, womit Sie aufhören dürften! sagte der Student von eben noch, und Hans Mayer erzählte die Schicksale des Artikels und Verhältnisse im Deutschlandsender und wo er inzwischen wieder mal gewesen war, ich glaube Prag gehört zu haben, aber es wird Warschau gewesen sein, und dass er im Adlon das Steak habe zurückgehen lassen. – Franz (oder Bruno etc.)! habe er gesagt. Und dann kam das neue Steak und war, obgleich an der Wilhelmstrasse gebraten, wie jemand es haben will, der einige Jahre in der Schweiz hat leben müssen. Über die literarische Opulenz hatte jener Artikel geheissen. Opulenz war fortan in jenem Lande ein häufiges Wort.

Der schlanke, asketische Johnson, er war von dem opulenten Hans Mayer beeindruckt wie von sonst keinem akademischen Lehrer; was, übrigens, spätere Konflikte in Klausur-Sachen gar nicht verhindern mußte. Aber dazu führte, daß der Professor Mayer die überhaupt einzige rückrechenbare Vater-Figur in Johnsons Werk zugeschrieben bekam (sie findet sich im *Dritten Buch,* Hans Mayer »ist« Achims Vater, eine plebejisch-gedrungene Figur mit ganz hoher Qualifikation und möglicherweise ein Widerstandskämpfer). »Ossian« war damit am Leipziger Hof des Literaturkönigs, der Mayer im Sommer 1956 noch war, zugelassen; doch er stand damit auch im Lager einer philosophisch-politischen Minderheit. Mayer wie Bloch würden Leipzig später verlassen müssen. Die Bewegung zur Erneuerung der Republik, 1956 von Wolfgang Harich und anderen unternommen, die von Chruschtschows Entstalinisierungs-Parteitag ausging und die den Philosophen Bloch zum Staatspräsidenten ausrufen wollte, sie scheiterte schon am Ende des gleichen Jahres. Reflexe dieser Bewegung finden sich vor allem in der Figur des Dr. Jonas Blach in den *Mutmassungen*; auf dem Papier der Redaktion von Harichs *Sonntag* war Johnson noch 1956 die Versicherung zugekommen, sein *Babendererde*-Roman gäbe die Atmosphäre der Republik so genau und dicht wieder wie sonst kein anderer Text dieser Jahre. Das hatte der Redakteur Georg Piltz ihm geschrieben und es besaß seine Richtigkeit; doch für seine Nähe zu

Mayer und Bloch hatte Johnson, der sich, eine Überwachungs-Notiz in seiner Studienakte bestätigt dies, in Leipzig aller politischen Aktionen enthielt, später mit Erwerbslosigkeit zu zahlen. Walter Ulbrichts Vertrauter »Paule« Fröhlich, der Leipziger Bezirkssekretär der SED, würde mit merkwürdiger Verbissenheit dafür sorgen. Wiederum Hans Mayer hat darüber in seinen Erinnerungen berichtet; Fröhlich war auch die treibende Kraft hinter Ernst Blochs Absetzung gewesen. Nach 1956 führte kein Weg mehr aus den Mayer- und Bloch-Zirkeln in staatliche Stellungen; und da die »Partei des Volkes« den Staat als Beute fest im Griff hatte, hatte Uwe Johnson ab 1956 Berufsverbot in der »Demokratischen Republik«.

Noch war es nicht soweit. Im gleichen Frühjahrssemester 1955 schrieb der Student ein weiteres Referat für Hans Mayer: über das *»Leben Franz Kafkas«*. Die Arbeit entstammte dem Umkreis der Vorlesung Mayers über »Deutsche Literatur im Kaiser-Reich«; unter diesem eher imperialen Titel verbarg sich Erstaunliches: Franz Kafka als literaturwissenschaftliches Thema in der DDR des Jahres 1955. Johnson hatte, zur Abfassung des Referats, keine Schreibmaschine in seine Verfügung bringen können; so ist das Referat handschriftlich (und auch nicht in Druckbuchstaben) gehalten. Daß Hans Mayer (er hat sich bei Gelegenheit von Johnsons später Heine-Klausur geweigert, die schwierige Handschrift seines Protegé zu entziffern) diese Kafka-Arbeit gelesen hat, scheint mir daher nicht sicher. Vielleicht, daß der Student sie gar nie eingeliefert hat; fand sie sich doch nicht im Archiv der Leipziger Universität oder in Hans Mayers Unterlagen, sondern in Johnsons eigenem Nachlaß; und trägt sie keinerlei Spuren eines bearbeitenden Lesens an sich.

In der offiziellen Literaturwissenschaft der DDR existierte damals noch gar kein Kafka. Erste Auseinandersetzungen mit ihm (Klaus Hermsdorf, Helmut Richter) setzen erst ca. zwei Jahre später ein. Georg Lukács' Polemik gegen Kafka würde 1958 in *Wider den mißverstandenen Realismus* erscheinen. Der große Kampf um Kafkas Werk stand erst für die späten sechziger Jahre ins Haus und besaß seine genaue Verbindung zum »Prager Frühling«, mit dem zusammen dann 1968 auch die Heimkunft des großen Prager Reali-

sten scheitern würde. In den *Jahrestagen*, Abschlußband, wird Jakob (als Stellvertreter seines Autors, und auch in dessen eigener Sache) nach Prag reisen und »zum Gebäude des Assicurazioni Generali, zum Gebäude der Arbeiter-Unfall-Versicherungs-Anstalt« gehen, ein Eisenbahner auf Kafkas Spuren. Mayers Themenstellung und Johnsons Arbeit aus dem Jahr 1955 sind also ein ganz einsamer Sturmvogel kommender, dringlicher literaturpolitischer Diskussionen; sind frühe Entscheidung für einen Autor Kafka, der ja nicht selbstverständlich in eine Vorlesung über die Literatur des Kaiser-Reichs hineingehörte. Johnsons Referat gibt Nachzeichnung der großen Linien von Kafkas Biographie, mit eingehender Berücksichtigung von Herkunft und Milieu und mit dem Hauptgewicht auf Kafkas zentraler Lebens-Schwierigkeit, Berufsarbeit und Literaturproduktion zusammenzubringen. Über des Studenten Kafka-Lektüren verrät die Arbeit nicht viel; außer, daß er immerhin sogar die frühen *Aeroplane von Brescia* (1909) kannte. Daneben hat er, im Jahr 1956, seiner Kommilitonin und ergebenen Freundin Ella Löber aus der *Landarzt*-Erzählung vorgelesen. Auch der Leipziger Freundeskreis las sehr wohl die Werke Franz Kafkas. Ich sehe mögliche Kafka-Einwirkung in dem (ebenfalls hier abgedruckten) *Zwirn*-Fragment und vielleicht auch in der Parabel-Erzählung vom Propheten Jonas, die gleichfalls schon im Leipzig des Jahres 1957 geschrieben wurde. Beides hat zu tun mit Leben und Ökonomie im außerordentlich verbürokratisierten DDR-Alltag, in dessen von politischen Ritualen bestimmten Sphäre Kafka ohnehin überall eine Heimstatt hatte. Selbst Georg Lukács hatte ja, in Erwartung der eigenen Liquidierung, sehr wohl begriffen, daß Kafka ein Realist war: daß er der Realist des totalitären 20. Jahrhunderts war, dessen Autor dann auch Uwe Johnson sein würde.
Es stellt sich die Frage nach den Quellen für Johnsons biographischen Referat-Essay, zumal dieser eingehendere Kenntnisse verrät, als man sie aus der Lektüre bloß von Lexikon-Artikeln gewinnen könnte. Kafka war damals noch weit von seinem späteren Bekanntheitsgrad entfernt. Walter Muschg, der schon in den dreißiger Jahren in seinen Zürcher Vorlesungen auf Kafka hingewiesen hatte,

war damals die große Ausnahme. Hans Mayer und Stephan Hermlin hatten immerhin bereits 1949, noch in ihrer beider Frankfurter Radio-Zeit, in den »Ansichten über einige Bücher und Schriftsteller« auch auf das *Schloß* aufmerksam gemacht. Die Möglichkeit, sich Franz Kafkas Werke zu beschaffen, besaß Uwe Johnson natürlich; es gab das Mayersche Institut und die Deutsche Bücherei in Leipzig, und der Student besaß den »Zettel«, der ihm Zugang verschaffte auch zu jener Literatur, die als ideologisch entartet in den Giftschränken stand. 1955 existierten, Kafkas Biographie angehend, gar nicht so sehr viele Möglichkeiten der Information. Da gab es die Kafka-Biographie von Max Brod, zuerst in Prag 1937 und dann englisch 1946 und dann wieder deutsch 1954 in Frankfurt erschienen. Brod freilich hatte Kafka als Zionisten vereinnahmt und zum »Erneuerer jüdischen Glaubens« erklärt. Das hatte Hans Mayer immer schon kritisiert, und in Uwe Johnsons Arbeit steht denn auch der Satz: »Denn der organisierten Arbeiterbewegung und ihrer Theorie stand er völlig fern, in Anspruch genommen durch die Mühsal, das eigene Leben zu behaupten, und beansprucht von den zionistischen Interessen Max Brods.« Es ist keine Nähe zu Brods Sicht auf Kafka anzunehmen; schon eher eine zu der Walter Benjamins, der Kafka gerade nicht als »Mantiker« oder »Religionsstifter« gelten lassen wollte. Jedenfalls Benjamins Satz über Kafka: »In jedem Fall handelt es sich dabei um die Frage der Organisation des Lebens und der Arbeit in der menschlichen Gemeinschaft« (aus *Über Literatur,* Frankfurt/Main 1966, S. 169) könnte ganz direkt als Motto über Johnsons Kafka-Arbeit stehen. Benjamins Artikel zum 10. Todestag Kafkas, 1934 gedruckt, lag seit dem Frühjahr 1955 in dessen *Gesammelten Schriften* vor. Die hatte Johnson beim Verlagshaus Suhrkamp bestellt und erhalten; wahrscheinlich noch rechtzeitig genug für sein Kafka-Referat. Doch diese Frage ist heute nicht mehr mit Sicherheit zu entscheiden. Andererseits von Bertolt Brechts etwas hochmütiger Kafka-Sicht: daß man nämlich in diesem einen unter die Räder gekommenen Kleinbürger, dem »alles schief« gehen mußte, zu erblicken habe, einen petit bourgeois, der aber Entfremdungsproblematik und künstlerische Methode durchaus auf ein hohes Entwicklungsniveau gebracht habe, davon findet sich keine Spur in Johnsons Ausführungen. Diese nehmen vielmehr Kafkas Existenzprobleme ernst bis zur Identifikation. Johnson wird sich entweder an Benjamin, oder, sehr kritisch, an Brod, oder, sehr im Bereich des Möglichen, an Pavel Eisners Versuch einer sozio-psychologischen Biographie gehalten haben, die viel Material enthielt und 1950 in New York unter dem Titel *Franz Kafka and Prague* erschienen war. Das Buch war in namhaften philologischen Zeitschriften rezensiert worden *(Monatshefte für den Deutschunterricht, Germanic Review)*, die ihrerseits ihren Weg in den Lesesaal der »Deutschen Bücherei« mit Sicherheit gefunden hatten. Johnsons Referat konzentriert sich ja wesentlich auf Kafkas Prager Jahre und auf die soziokulturelle Stellung von dessen Familie. Das Referat weist des Studenten fast identifikatorisch starke biographische Interessen auf; zeigt, wie avanciert die Literaturwissenschaft in jenen Jahren in Leipzig noch betrieben werden konnte. Es stellt, in jeder Hinsicht, einen seltenen Fall, sein Auffinden einen Glücksfall dar.

Damit kommen wir zu den Klausuren, die mit Johnsons Abschlußexamen zusammenhängen, das dann zum Diplom führte. Sie machen den Hauptteil von Uwe Johnsons literaturwissenschaftlichen Arbeiten aus. Johnson meldete sich am 15. November 1956 zur Hausarbeit mit dem Thema *»Ernst Barlach. Der gestohlene Mond«*. Das Thema hatte er schon früher mit Hans Mayer vereinbart, dies muß im Juli 1956, kurze Zeit nach dem Tode Gottfried Benns (7. 7. 1956), gewesen sein. Die Vereinbarung selbst hat Johnson in *Einer meiner Lehrer* wie folgt erinnert:

> Hans Mayer fragt den Kandidaten rasch und erbarmungslos aus, damit der weiss, was er von sich zu halten hat. Dann nimmt er das Angebot einer Arbeit über einen Roman des zwanzigsten Jahrhunderts an, er kennt den Titel, die Behörden haben sich noch lange nicht zu einer Anerkennung des Verfassers entschlossen, Professor Mayer will keine Verteidigung des Verfassers hören, er will eine Arbeit über ihn.

Diese Arbeit lieferte Johnson; sie ist hier nicht abgedruckt, und ich kenne sie bislang nicht; Hans Mayer hat sie bei seinem Weggang aus Leipzig nicht mitgenommen und hielt sie für verschollen. (Auch Christa Wolfs Magisterarbeit ist in Leipzig verschwunden.) Die Barlach-Arbeit muß 70 bis 80 Seiten umfaßt haben und sie wird sicher ein Versuch gewesen sein, die Spielwelt des Barlach-Romans, wie sie ja ihrerseits am Fuß des Güstrower Heidbergs lag, diesem ganz zentralen Ort Johnsonscher Glückserinnerungen, sich anzueignen. Das ist eine gewagte Aussage insofern, als diese Arbeit inzwischen aufgetaucht ist und demnächst veröffentlicht werden wird; dann also werden wir Genaueres wissen. Sicher aber ist heute schon: am Heidberg war Uwe Johnson ganz und gar und in jeder Hinsicht bei sich selbst gewesen, zunächst der fahrradfahrende Schüler Uwe Johnson, und später der Student, und der gerade auch schon als der Liebhaber der Freundin und späteren Frau Elisabeth; einen Abglanz von der Charis dieser Heimat-Landschaft, vom Glück des Zu-Hause-Seins überzittert und angeeignet durch zahlreiche und intensive Erlebnisse, muß der Diplomand seinem Lehrer haben vermitteln wollen. So schrieb er den Barlach-Roman noch einmal auf »johnsonsch«, nahm darin vorweg, was heute feststeht: nach Ernst Barlach ist Uwe Johnson der andere große Sohn der Stadt Güstrow, Mecklenburg. Die Arbeit zeigte Johnsons Diktion folgerichtig so deutlich wie nur irgendein anderer Text aus seiner Feder, so erinnert sich Hans Mayer. Bei Barlach wie bei Johnson steht der Heidberg zentral; Gesine wird sich den Blick über Heidberg-Schneise und Inselsee als Trost in der Todesstunde wünschen. Unweit des Heidbergs liegt Barlachs Atelier.
Darüber schrieb also Johnson seine Diplomarbeit für seinen verehrten Lehrer Hans Mayer. Erfahrungs-Austausch sollte stattfinden, so wie er mit dem Leipziger Freund Manfred Bierwisch stattgefunden hatte, den Johnson zum Urlaub in Güstrows Barlach-Welt – sie war im Lauf der Entstehung der *Babendererde* zur Johnson-Welt geworden – bewegt hatte: eine Art durch Landschaftserfahrung sich realisierende Brüderschaft. Und die trug »Ossian«, sozusagen, nun auch Hans Mayer an. Darüber hinaus verfolgte der Student mit

seiner Barlach-Diplomarbeit einen werkbiographischen Zweck, den er (in einem bislang unveröffentlichten Lebenslauf vom März 1958) wie folgt beschrieben hat:

> Das Thema der Hausarbeit war: »Ernst Barlach: Der gestohlene Mond«. Zu der Analyse dieses Romans war ich veranlaßt worden durch den Einfluss des in Güstrow vorhandenen plastischen Werkes von Barlach, dessen Anlässe ich im literarischen Ausdruck zu erhellen hoffte. Die Arbeit wurde von Herrn Prof. Hans Mayer mit ›gut‹ bewertet.

Barlachs plastisches Werk und Barlachs Landschaft müssen also gegenwärtig gewesen sein in Uwe Johnsons Diplomarbeit; wobei an Barlachs eigenen Ausspruch zu erinnern ist, demzufolge die Schwingungen der Mecklenburgischen Landschaften anwesend sind in den Konturen seiner Figuren. Ich denke also, daß sich ähnliche Sätze in der Barlach-Arbeit befinden wie in jenem Brief Johnsons an den Professor Mayer vom 1. März 1957, wo er seinem Lehrer einen Urlaub in der »Grenzburg«, unweit von Barlach-Atelier und Inselsee, nahebringen möchte.

> Was den Barlachweg angeht, so ist der am Heidberg ein rechter Totenträger-Weg in einer Neumondnacht wie der von gestern, aber dann erstreckt er sich am Inselsee und Kanal längs zur Stadt hin, zwischen erwachsene Birken, die Lichter sind sehr weit ab und der Himmel in solchen Fällen sternklar. Kälte-Nebel verwischen die Seefläche in ihren Grenzen (auch am Tage waren Wasserschleifen im Nebeltal). [...] Und das kalte Schilf trat unbehaglich von einem Fuß auf den anderen.

Das ist große Güstrow-Prosa, Geist vom Geiste Barlachs; und der das schrieb, war nicht der Student Johnson: sondern »Ossian«, der Riese aus den Nebeln des Nordens. Die Arbeit wurde, Johnson selbst erwähnt es, mit »Gut« benotet, und wahr ist, daß, Hans Mayer unterstreicht es noch heute, manch anderer Professor solch

Der Heidberg in Güstrow

eine Arbeit gar nicht erst akzeptiert hätte. Die besondere Diplomarbeit setzte einen besonderen Prüfer voraus; Hans Mayer war dieser besondere Prüfer; und Uwe Johnson war sein sehr besonderer Prüfling.
Das nämliche galt, da allerdings viel komplizierter und nicht frei von Friktionen, von den restlichen Examensklausuren des Absolventen Johnson, die dieser schon vorher im Juni und Juli 1956 geschrieben hatte. Der Leipziger Student der Germanistik mußte jeweils zwei Klausuren schreiben: eine über »Neuere Deutsche Literatur« und eine über »Neueste und National-Literatur«. Letzteres war offenkundig darauf berechnet, Raum zu geben für Fragen nach ganz aktuellen literatur-politischen Entwicklungen, während ersteres vor allem auf mehr »historische« Themen aus dem 19. Jahrhundert gezielt haben muß. Letzteres konnte gut als Test auf die »Parteilichkeit« des Kandidaten ausfallen, wobei dann die Prüfungskommission als »zuständiges Organ« ihre Rolle spielte. Der Prüfling Johnson aber hat, auch darin besonders, statt der notwendigen und normalen zwei, ganze vier Diplom-Klausuren schreiben müs-

sen – und, auf komplizierte Weise, auch schreiben wollen. Dies war Anlaß für Ärger auf beiden Seiten: für den empfindsamen, stolzen Barden »Ossian« ebenso wie für den gelegentlich cholerischen Gelehrten Hans Mayer. Es erweitert aber unsere Kenntnis über das literaturwissenschaftliche Denken Johnsons ein gut Stück und also war es gut. Statt lediglich Uwe Johnsons Meinung über Heinrich Heines *Wintermärchen* und den IV. Deutschen Schriftstellerkongreß, wissen wir nun auch seine Auffassung über Friedrich Hebbel und über Bertolt Brechts *Sezuan*-Stück. Alle diese Klausuren befinden sich im Leipziger Universitätsarchiv.
In den *Begleitumständen* hat sich Johnson erinnert:

> Das hier »zuständige Organ«, die Prüfungskommission der philosophischen Fakultät der Karl Marx-Universität Leipzig, lässt ihm für die Klausur die Wahl zwischen historischen, theoretischen Themen und diesem: »Der IV. Deutsche Schriftstellerkongress im Januar 1956 in Berlin«.

Dies markierte den Auftakt zu einem Verwicklungs-Roman, und der Ausgang dieses turbulenten Unternehmens findet sich in *Einer meiner Lehrer* wie folgt beschrieben:

> Und Abstand, korrekter Abstand zwischen Lehrer und Schüler bewies sich, wenn der Unbedarfte in der Examensklausur eines der Themen zum Anlass nahm, um ausgehend von den Ergebnissen des XX. Parteitags der KPdSU und ausgehend von einer Äusserung eines behördlich lizensierten Schriftstellers, einen Realismus des Realismus zu beschreiben, und dann nicht etwa von seinem Lehrer, sondern vom Dekan die Mitteilung erhält: die Philosophische Fakultät weigere sich, diese Arbeit anzunehmen, und erkläre das Examen für abgebrochen.

In beiden Fällen ist die Rede von Johnsons *Klausur zum »IV. Deutschen Schriftstellerkongreß«*, wie sie hier abgedruckt vorliegt und wie sie damals als Klausur nicht anerkannt wurde. Es war aber nicht, und das zu wissen ist wichtig, die erste Diplom-Klausur, die dieses Schicksal erlitt. Nämlich Johnson schrieb seine vorausge-

hende, die überhaupt erste Klausur in »Neuerer deutscher Literatur« über *Heinrich Heines »Wintermärchen«*, am 4. Juni 1956 und auf Hans Mayers Themenstellung hin. Der hatte im Frühjahrssemester 1956 im Rahmen eines »Spezialseminars« über »Heines kritische Schriften« gelesen. Uwe Johnsons Klausur ist ihrerseits denn auch voll mit subkutanen, geradezu augenzwinkernden Anspielungen auf noch ganz andere Heine-Texte als das *Wintermärchen,* die alle nicht gesondert und »ordentlich« als Zitate ausgewiesen, sondern im Vertrauen auf die habituelle Vertrautheit des Prüfenden mit Heines Werk in assoziativen Stichworten niedergeschrieben wurden. Noch viele Jahre später erfragte Johnson, brieflich am 18. Juli 1973, von seinem Verleger Siegfried Unseld, den Herkunftsort des u. a. verwendeten Goethe-Zitats: »daß mein Reisekoffer durch alle deutsche Lande ungeöffnet passieren könne«. Das hat ihm Unseld auch verifiziert, unter dem 30. Juli 1973; und die zentralen Sätze des folgenden Zitats sind ihrerseits mit leichten Abweichungen bereits zitiert in Johnsons Heine-Klausur:
Goethe schrieb / sprach am 23. Oktober 1828 zu Eckermann:

> Mir ist nicht bange [...] daß Deutschland nicht eins werde; unsere guten Chausseen und künftigen Eisenbahnen werden schon das ihrige tun. Vor allem aber sei es eins in Liebe unter einander! und immer sei es eins gegen den auswärtigen Feind. Es sei eins, daß der deutsche Taler und Groschen im ganzen Reiche gleichen Wert habe; eins, daß mein Reisekoffer durch alle sechsunddreißig Staaten ungeöffnet passieren könne. Es sei eins, daß der städtische Reisepaß eines weimarischen Bürgers von dem Grenzbeamten eines großen Nachbarstaates nicht für unzulänglich gehalten werde, als der Paß eines *Ausländers*. Es sei von Inland und Ausland unter deutschen Staaten überall keine Rede mehr. Deutschland sei ferner eins in Maß und Gewicht, in Handel und Wandel, und hundert ähnlichen Dingen, die ich nicht alle nennen kann und mag.
> (Nachzulesen in: *Goethe über die Deutschen,* Insel-Bücherei Nr. 851, S. 49, Text Nr. 228).

Die Klausur ist, in gewisser Weise, ein literarischer Text mit entsprechender Struktur; sie weist die charakteristische (und dialektische) Ringstruktur auf, die Johnsons Werke, beginnend mit der *Babendererde,* kennzeichnet und die auch das Gesamtwerk zeigt. Der Schluß wendet die Anfangs-Aussage ins – nun zutreffende – Gegenteil um. Die Katze fängt ihren eigenen Schwanz. Der Heine, der aus Paris nach Deutschland kommt, führt allerdings Konterbande mit sich: all das, was er an französischer Revolutionsgeschichte erlebt hat und was Johnsons Klausur auch aufzählt. Der dann am Schluß Deutschland verläßt, führt, aus Mangel an politischem Geschehen im schlafmützigen Deutschland, eben keine Konterbande mehr mit sich, weder in Kopf noch Koffer. Polemisch – Heine als die »große Ausnahme« der deutschen Literaturgeschichte im Sinn Hans Mayers begreifend – konfrontiert Johnson die Straßenkämpfe, Hinrichtungen gar, und auch die Erneuerung des Parlaments in Frankreich mit der deutschen Innerlichkeit und deren Wegbereiter, dem Pietismus. Über das Fräulein von Klettenberg und derer »Bekenntnisse einer schönen Seele« wußte er schließlich Bescheid – dies war ihm Gegenstand einer Zwischenprüfung bei der Germanistin Hildegard Emmel noch in Rostock gewesen. (Bei gleicher Zwischenprüfungs-Gelegenheit hatte Uwe Johnson übrigens auch die ersten Seiten der *Wahlverwandtschaften* auswendig gelernt. Die derart entstandene habituelle Vertrautheit mit Goethes Text ermöglichte ihm dann später die Fülle der Anspielungen etwa in der *Hinterhand*-Skizze, wo Hinterhands Ehefrau die Insignien der Ottilie-Figur zugeschrieben erhält: eine Heilige der Liebe und zugleich, Walter Benjamins Interpretation zufolge, der »sprachlose Trieb«, mit dem sich eben kein Vertrag, und sei er sprachlich noch so gut formuliert, schließen ließ. Aus Peter von Matts ausgezeichnetem Buch *Liebesverrat. Die Treulosen in der Literatur* kann man lernen, daß Johnson Ottiliens Geste aus den *Wahlverwandtschaften* übernommen hat. Der Johnson-Kenner wußte dies freilich bereits aus seiner Lektüre der *Babendererde*, wo Ingrid beim Abschied von Klaus in Westberlin die genau umgekehrte Geste vollführt, derart Klaus versichernd, sie meine auch, was sie ihm versprach.)

Doch zurück zur Heine-Klausur: als Beleg für seine Innerlichkeits-These führt Johnson, überraschend in der polemischen Schärfe der Konturierung, eine Lesart des »Sturm-und-Drang« an, die diesen als folgenlose, ja kompensatorische, als eine bloß literarische Auflehnung begriff, mehr schöngeistige Oppositions-Geste denn versuchte Revolution. Der Kernsatz: »das Subjekt brüllt sich selbst an, um das brüllende Double, den Unteroffizier, ertragen zu können«, er verweist auf Jakob Michael Reinhold Lenz' Stücke und auch auf den *Woyzeck* von Georg Büchner. Hierin wiederum, und deshalb kann das Ganze in apodiktischer Kürze gehalten sein, die sich einem Außenstehenden fast verschließt, ist Hans Mayers Deutung von Lenz' Werk als einer nicht verwirklichten Alternative zur Klassik anwesend. Jakob Michael Reinhold Lenz als der nie eigentlich zur Wirkung gelangte Vorgänger von Büchner und auch Brecht – also die gleiche Linie, die schon dem Erkenntnisinteresse Johnsons bei seiner Interpretation des Otway-Dramas parallel gewesen war. In gleicher fast logenartig vertrauter Weise auf einen Prüfer Mayer abgestellt ist der Satz: »Und die erstaunten Berliner lesen über ihre Denkmäler von den fürstlichen Hoheiten, wenn sie verglichen wurden: dafür ist aber der Schwanz [des Pferdes] auch nicht so bedeutend dick«. Worauf Johnson hier anspielt, findet sich in Heinrich Heines *Briefen aus Berlin,* wo es im Brief vom 26. 1. 1822 heißt:

> Laßt uns hier einen Augenblick stehenbleiben und die große Statue des Großen Kurfürsten betrachten. Er sitzt stolz zu Pferde, und gefesselte Sklaven umgeben das Fußgestell. Es ist ein herrlicher Metallguß, und unstreitig das größte Kunstwerk Berlins. Und ist ganz umsonst zu sehen, weil es mitten auf der Brücke steht. Es hat die meiste Ähnlichkeit mit der Statue des Kurfürsten Johann Wilhelm auf dem Markte zu Düsseldorf; nur daß hier in Berlin der Schwanz des Pferdes nicht so bedeutend dick ist.

Daß und wie dies bei Johnson zitiert wird, auch weitere Verweise auf Stellen aus dem *Wintermärchen,* Heines Nähe zu Hegel, bei dem er in Berlin Philosophie gehört hatte, betreffend, all dies machte die Klausur zu einem fast hermetischen Text für Hans Mayer. Man konnte diesen Zuschnitt der Klausur aber auch als angemaßte Nähe auffassen. In jedem Fall war es Klausur-Arbeit als Arkanpraxis. An die Normen einer akademischen Klausur erinnerte das Ganze nur entfernt, zumal der Text kurz und essayistisch gehalten war. Dies ist, als Essay, seine Force; war als Klausur-Text sein Handicap. Er lud den Leser zu einer Diskussion unter gleichen ein, darin ein Melodie-Wiedererkennungs-Spiel, wie es Bloch mit Mayer bezüglich der Opern Richard Wagners zu spielen pflegte. Die Heine-Klausur ist darin verfaßt von einem, der mit seinem Otway-Referat ganz außergewöhnlichen Erfolg gehabt hat. Zudem war sie auf wahrhaft radikale Weise handschriftlich gehalten, was sie ebenfalls mit dem Otway-Referat verband. Doch den Otway-Text hatte Johnson vorgetragen, die Heine-Klausur mußte der Prüfer entziffern, und dazu hätte er sich zeitraubend in Johnsons Handschrift einlesen müssen. Das wollte und konnte Hans Mayer nicht; das gehörte nicht zu seinen Aufgaben. Er hat es abgelehnt, die Arbeit zu zensieren; denn: »Es ist leider nicht möglich, diese Klausur zu lesen, d. h.: zu entziffern«.

Damit war ein Prozeß in Gang gesetzt, der schon bald aus der Kontrolle der Agierenden geraten sollte. Als Hans Mayer die Ablehnung der Heine-Klausur am 18. 6. 1956 niederschrieb (ebenfalls mit der Hand; doch sehr leserlich), da muß er auch schon die nächste Johnson-Klausur, nunmehr die über den »IV. Deutschen Schriftstellerkongreß«, gekannt haben. Uwe Johnson jedenfalls hatte diese am 11. Juni 1956 geschrieben und abgegeben. Andererseits: Johnson muß vom Ärger des Gelehrten Mayer inoffiziell Kenntnis bekommen haben. Solche Nachrichten verbreiten sich schnell in wissenschaftlichen Instituten. Denn die Schriftsteller-Kongreß-Klausur, um sie würde es nun wirklich Ärger geben, war – in Druckbuchstaben gehalten und mithin sehr gut lesbar. Der Student hatte vorgebeugt; doch was er seinem Prüfer zu lesen gab, gut leserlich nun, wie es auch all die anderen noch folgenden Klausuren sein werden, das war wiederum nicht eigentlich, was der Professor

Bootshäuser in Güstrow

Mayer sich zu lesen gewünscht hatte. Der Verwicklungs-Roman, zu dem Johnsons Diplom-Examen sich entwickelte, strebte seiner Peripetie zu. Ein Mitstudent, Horst Drescher, nun Schriftsteller, hat schreiben können (in *Sinn und Form,* 2. Heft, März/April 1990, S. 346/347):

> Im übrigen war ich überzeugt, einen externen Doktoranden vor mir zu haben. Man hörte, Johnson sei belesen wie keiner, ein profunder Hegelkenner unter anderem. In einem Oberseminar bei Mayer habe er, nach dem Handlungsbeginn der Goethischen »Wahlverwandtschaften« befragt, die erste halbe Seite des Romans aus dem Gedächtnis zitiert. Eine andere Anekdote besagte, Uwe Johnson habe statt seiner schriftlichen Examensarbeit einen Roman dem prüfenden Professor auf den Tisch gelegt, was wohlwollenden Zorn bei dem zum Cholerischen neigenden Gelehrten ausgelöst habe. Der Prüfling habe dann in kurzer Zeit noch eine vorzügliche Examensarbeit über Ernst Barlach geschrieben. – Nun kam Johnson wohl von einer Konsultation bei seinem Professor.

Die muß, wenn es sie denn gegeben hat, nicht ganz harmonisch verlaufen sein. Denn Johnson hatte in der Tat »einen Roman dem prüfenden Professor auf den Tisch gelegt«. Das ist ganz wörtlich zu nehmen und es kam so: Uwe Johnson fühlte sich gekränkt durch die Zurückweisung der Heine-Klausur. Er war, schon damals für ihn ganz ohne Zweifel, einer der bedeutendsten Schriftsteller der DDR; die Gutachten zur *Babendererde,* sie waren ablehnend, aber auch voll des Lobes. Die Redaktion des *Sonntag* würde ihn zum größten jungen Talent erklären. Gleich fünf Lektoren des Mitteldeutschen Verlags würden ihm ein Jahr später bescheinigen, »hochbegabt« zu sein; was in der Tat zutraf. Daß er linkisch auftrat und sich scheu im Umgang gab, war nur die Kehrseite ungeheuren Selbstgefühls, wo es um sein literarisches Vermögen ging. Und Hans Mayer behandelte ihn wie einen gewöhnlichen Studenten; hatte ihm gesagt, wohl wolle er das Manuskript der *Babendererde* lesen, doch erst nach der Prüfung: wie einsehbar der Unbefangenheit des Examinators zuliebe. Schon dies hätte für »Ossian« Grund sein können zu rebellischem Trotz; doch es kam noch anderes, hier Entscheidendes hinzu, das unabhängig war von der Beziehung zwischen Professor und Student, Lehrer und Schüler, Entdecker und Talent. Dies andere, meine ich, verwandelte Johnson in den Rebellen, der er war, und brachte ihn dazu, Hans Mayer gerade das zu verordnen, was dieser mit Grund nicht wünschte: nämlich, den Roman des Jungen noch in der Prüfung selbst zu lesen. Hans Mayer hatte seinem Studenten u. a. das Thema »Welche literarischen Fragen wurden auf dem IV. Deutschen Schriftstellerkongreß im Januar 1956 in Berlin behandelt?« im Rahmen der »Neuesten deutschen und National-Literatur« gestellt. Der Student wählte es – und schrieb nun eine heftig provokatorische Klausur. Gewiß, die Themenstellung konnte sich auf den ersten Blick so ausnehmen, als sei sie gewählt worden, des Studenten »Parteilichkeit« zu examinieren. Dabei hatte doch Johnson Mayer anvertraut, daß er überzeugt sei, sein Roman sei in diesem Staat, wenn überhaupt, dann allenfalls an eine »disziplinarische Anstalt« zu vermitteln. Andererseits: Hans Mayer hatte dieses Thema sicherlich gestellt, weil auf dem zur Rede stehenden Schriftstellerkongreß so etwas wie ein Aufstand der Schriftsteller, der Produzierenden, gegen die Gängelung durch die Kulturbürokratie vor sich gegangen war. Das hätte etwas für Johnson, den Schriftsteller, sein müssen. Doch diese implizite Botschaft erreichte »Ossian« gar nicht mehr. Sein Standpunkt muß der gewesen sein: Er hatte bislang alle Arbeiten handschriftlich eingereicht und glauben können, für Hans Mayer seien sie beschwerdelos lesbar. Jetzt plötzlich kamen ihm Mayers Ablehnungsabsichten zu Ohren und mußte er sich sorgfältigster Druckbuchstaben befleißigen. Das ging ihm unter die ohnehin dünne Haut: Uwe Johnson, Student ein wenig doch nur aus Verlegenheit und eigentlich erster Schriftsteller der Republik, sollte sich als Examenskandidat, recht leserlich, bitte, über eine Veranstaltung äußern, auf die er doch – die *Babendererde* war fertig, handschriftlich in zweiter und konzeptionell schon in dritter Fassung – rechtens selbst als Teilnehmer gehört hätte! Und dies aus mehr als einem Grund. Zum einen als Schriftsteller, gewiß; daneben ging es auf diesem Kongreß aber auch um die, so wörtlich, »oberlehrerhafte« Rolle der parteiamtlichen Literaturkritik. Und er, Uwe Johnson alias »Ossian«, begriff sich als Fachmann gerade für solche Autoritätsprobleme. Der Schöpfer des Direktors »Pius« Siebmann, er war in der Tat der Fortsetzer, der einzig legitime kraft zureichender literarischer Begabung, des wilhelminischen Schulromans unter den neuen Bedingungen der »Demokratischen Republik«. Die *Babendererde* ist nichts anderes als das Flaggschiff des DDR-spezifischen Schulromans, wenn es diesen als eigenes Genre gegeben hat.

Noch ein weiteres, sozusagen »ödipales«, deshalb sehr bestimmendes Moment kam hinzu. Ein anderer Schüler des gleichen Lehrers Hans Mayer nämlich spielte auf diesem Kongreß eine zentrale Rolle: Wilhelm Girnus, führender Parteifunktionär in kulturellen Belangen und als Teilhaber der Macht verantwortlich dafür, daß als zuständige Anstalt für die *Babendererde* nur eine disziplinarische in Frage kam. Der erwies sich zu allem Überfluß nun auch noch als ein Mitglied der, freudianisch zu sprechen, »Brüderhorde«; als Rivale im Kampf um die Gunst des wissenschaftlichen

Übervaters Mayer. Wilhelm Girnus war für Uwe Johnson alles andere als ein Unbekannter: der Schüler hatte vier Jahre zuvor fürs Abitur lernen müssen unter der autoritären Ägide der Girnus-Artikel im *Neuen Deutschland* gegen »Formalismus« und »Kosmopolitismus«. Über Girnus hat Uwe Johnson in den *Begleitumständen* geschrieben:

> Unter seiner Ägide, als er der Staatlichen Kommission für Kunstangelegenheiten vorsass, hatte ein Oberschüler lernen müssen für die Reifeprüfung, was ein Girnus unter Formalismus verstand, nämlich eine typische Verfallserscheinung der bürgerlichen Kunst, der als einer Mode-Erscheinung auch fortschrittliche Künstler verfallen können, siehe Picasso. Wer dann Picassos Taube gesehen hatte auf dem Vorhang in Brechts Theater am Schiffbauerdamm, hatte leichte Wahl. Weiterhin war es eben dieser Girnus gewesen, der den Oberschülern ins Pensum geschrieben hatte, es gebe eine so schlimme Abweichung wie den Kosmopolitismus, eine von, vorzugsweise jüdischen, Imperialisten ausgesäte Ideologie, die die Einschränkung der staatlichen Unabhängigkeiten als gesetzmässig ausgebe, mit freundlichen Grüssen von Stalin, der die Vaterschaft an dem jüdischen unter seinen Völkern in den Wind schlagen wollte. Nun hatte einmal einer diesem Girnus auf die Finger geklopft, das war einem anderen wohl erinnerlich im Juni 1956, der schrieb seinen Beifall in Klausur.

Derart war das Terrain bereitet für eine Art von Hemingwayschem Show-Down. Das Material und die Zitate für seine Klausur entnahm der zornige Johnson einem *Spiegel*-Artikel mit dem Titel: »Aufstand gegen Girnus« (18. Januar 1956). Dort wurde berichtet, wie Willi Bredel heftig Girnus angriff, eben ihm auf die »Finger klopfte«, sich gegen die Bevormundung der Literatur durch die Partei zur Wehr setzend. Der Student und Schriftsteller Johnson befand sich also in einer emotional sehr eigenen Situation: im Rahmen seiner Abschlußklausur traf er, ausgerechnet, den Girnus wieder, den abgelehnten Zwangs-Lehrer seiner Abiturstage, in Johnsons Augen nichts anderes als ein marxistischer Professor Unrat. Die Konstellation hatte also etwas psychologisch Schwindelerregendes und politisch Provozierendes an sich. Sie war für Hans Mayer, der Johnsons Abiturs-Vorgeschichte nicht kannte, nicht durchschaubar; seine Themenstellung war objektiv eine ganz und gar im Interesse des Kandidaten. Mayer selbst hat auf der »Konferenz der Literaturwissenschaftler« im Mai 1956 davon gesprochen, daß auf dem zur Rede stehenden IV. Schriftstellerkongreß »eine literarische Atmosphäre, ein literarisches Klima« nicht stattgehabt hätte. Doch Uwe Johnson reagierte mit Rebellion. Gab dem verehrten Lehrer Hans Mayer Text vom Text der *Babendererde* zu lesen, frei improvisierten und um die Gestalt des »Pius« Siebmann konzentrierten. Auf diese Weise legte er dem Professor einen Roman auf den Tisch; machte er den Fall des sozialistischen Wulicke nachträglich zu einem Thema für den IV. Deutschen Schriftstellerkongreß. Wenn irgend eines, so hätte dieses Thema dort verhandelt gehört; wenn irgend einer, so hätte der Schriftsteller Johnson dort zu diesem Thema sprechen sollen. Das wünschte er gesagt zu haben, auch wenn er, streng akademisch gesehen, danach gar nicht gefragt war. Der lange Blonde war auf dem Kriegspfad. Bereits im zweiten Satz signalisiert der vom Prüfling erfundene Begriff vom »II. Allrussischen Schriftstellerkongreß« den entschiedenen Konfliktwillen des Absolventen. Der Begriff trägt denn auch – im Original – Unterstreichung und Fragezeichen am Rand und löste möglicherweise Assoziationen an die »Allrussischen Sowjetkongresse« aus, die der Konstituierung der »Russischen Sozialistischen Föderativen Sowjetrepublik« vom 10. Juli 1918 durch Lenin vorhergingen. Der »II. Allrussische Sowjetkongreß« fiel übrigens auf den 7. November 1917. Auf ihm errangen Bolschewisten und linke Sozialrevolutionäre die Mehrheit. Die rechten Sozialrevolutionäre und die Menschewiki verließen den Kongreß, der so den entscheidenden Sieg Lenins markierte. Ob Johnson diese Assoziation auslösen wollte, wissen wir nicht. Wohl aber, daß er die russische Revolutionsgeschichte eingehend kannte. Johnson erwähnte weiterhin gleich eingangs die Selbstkritik, die auf diesem Kongreß in Sachen fehlender Zivilcourage von Seiten der Literatur geübt wurde (»so bekannten die Tschechen: sie hätten mit ihrem Schweigen offenbare Unrechtlichkeit gefördert«) und verknüpfte dies mit einem in der *Neuen Deutschen Literatur* (September 1955) erschienenen Artikel zur *Gestalt des Lehrers in der deutschen Literatur*, in dem auch ein »Lehrer Dörr« erwähnt worden sei. Dies zielte auf Lehrerfiguren Leonhard Franks. Die Namensform muß ein Erinnerungsfehler, oder auch eine ironische Invektive gegen die Franksche Technik der Namensgebung gewesen sein. Denn einen »Lehrer Dörr« gibt es bei Frank nicht; wohl aber einen »Lehrer Mager« (dessen Beschreibung druckte der erwähnte *NDL*-Artikel nach), und einen »Lehrer Dürr« in *Links wo das Herz ist*, einem autobiographisch gefärbten Bildungsroman mit schließlicher Hinwendung zum Sozialismus. Diesem *NDL*-Artikel ging es um die Entwicklung des Schulromans in Deutschland schon weit vor den Zeiten des Wilhelminismus; es wurde, wie anders, behauptet, daß der »Neulehrer« der DDR nichts mehr gemein habe mit der autoritären Fürchterlichkeit beispielsweise des Direktors Wulicke bei Thomas Mann – und damit war Johnson mitten in seinem Thema angelangt.

Auf diese Weise sind rund sechs Seiten literarischer Text: ist eine Paraphrase der *Babendererde* aus der Feder des Autors selbst entstanden. Mit Blick auf den inzwischen gedruckten Roman sind diese Seiten eine wichtige Verständnishilfe; es ist schon beeindrukkend, wie konsequent Johnson seinen Erstling in die Tradition des Wilhelminischen Schulromans vor allem der Brüder Mann hineindachte. In dieser Weise hat noch kein Literaturwissenschaftler diesen Erstling interpretiert. Weiterhin zeigt das Selbst-Referat, daß der Schriftsteller Johnson bereits zu Zeiten der Abfassung der *Babendererde* so arbeitete, daß er die Geschichte, einmal im Kopf, vollständiger ausdachte, als er sie dann aufschrieb. Unter anderem aus dieser Klausur erfahren wir nämlich den genauen Hinrichtungstag der Niebuhrs, den 4. August 1944 in Ravensbrück mit der angeblichen Todesursache »Herzschlag«. (Später hat Johnson in den

Begleitumständen das Jahr 1943 angegeben.) Interessant ist weiterhin, daß die Klausur ein Stück weit wenn schon nicht Selbstinterpretation, so doch Selbst-Explikation des Romans als eines autobiographisch inspirierten enthält: daß nämlich Lehrer von der Art des Direktors Siebmann den Schülern, deren soziale Herkunft ganz verschieden war, nicht Zeit und Freiheit genug gelassen hätten zur Entwicklung des »richtigen« Bewußtseins. Statt Überzeugungsarbeit zu leisten, behandelte man diese, der preußische Liebe Gott Wulicke läßt grüßen, mit dem »Stempel«. Und das trieb eben nicht nur Schüler wie Klaus Niebuhr, sondern auch solche wie Jürgen Petersen in die Opposition. An Arnold Zweigs Beschwerde im »Kulturbund« ist hier zu erinnern. Die Klausur schließt ab, die Schule in ihrer Wichtigkeit provozierend der »Schwerindustrie« gleichsetzend, mit einem Angriff auf die Zensur als die geheime Herzkammer der DDR-Kulturpolitik. Ein Buch wie der vorliegende Schulroman des Studenten Johnson, so wird gesagt, es sollte nicht mehr umgeschrieben werden müssen. Dieses Umschreiben verlangte der Chef-Lektor des Aufbau-Verlags, Schroeder, von Uwe Johnson im Sommer 1956. Die »Tauwetter«-Diskussion müsse Folgen erbringen: es sollte »der Mut vorhanden sein zu bisher beredeter Redlichkeit«. Dies, meinte Johnson in den allerletzten Sätzen, sei sein Beitrag zur Einheit Deutschlands. Das war Geist vom Geist jener Tage. So dachten damals auch Wolfgang Harich und andere, die sich daran machten, Walter Ulbrich zu stürzen. Es war eine heroische Illusion; in der Figur des Dr. Jonas Blach würde Johnson in den *Mutmassungen* daran erinnern. Max Schroeder würde darauf mit der Aufforderung zur »Gehirnwäsche« antworten.
Damit hatte der Student, vergleichbar seinem Oppositions-Auftritt in Rostock, der ihn seinerseits erst freimachte zum Niederschreiben der *Babendererde*, gleichsam seinen Abitursunterricht »bewältigt«. Diese Klausur ist auch zu lesen als der nachgereichte Protest zum Güstrower Deutschunterricht im Zeichen des damaligen Kampfes gegen »Formalismus« und »Kosmopolitismus«, dem seinerseits, wiederum unter führender Beteiligung des Wilhelm Girnus, die Barlach-Ausstellung in Berlin zum Opfer gefallen war. Der Student

drohte nun ebenfalls zum Opfer zu werden; denn Bredels Aufstand gegen Girnus war folgenlos geblieben. Auf dem gleichen Kongreß hatte auch der uns bereits bekannte Cheflektor Schroeder gesprochen und das Gewehr für eine brauchbare Waffe im Kulturkampf befunden. Die Konsequenzen der Klausur lesen sich, in Johnsons eigenen Sätzen aus den *Begleitumständen,* wie folgt:

> Die Prüfungskommission der philosophischen Fakultät zog es vor, Girnus die Stange zu halten, statt Bredel. Leider war sie auch stärker, und verweigerte dieser Klausurarbeit sowohl die Anerkennung wie auch eine Zensur und machte eine Wiederholung zur Bedingung für die Fortsetzung des Examens.

Daß solche Wiederholung (die Johnson zunächst kategorisch verweigerte) sich überhaupt als möglich erwies, das verdankte sich wiederum Einfluß und Generosität des Professors Mayer. Der hatte unter die Klausur geschrieben: »Es hieße, sich zum Partner – sagen wir: eines Spiels! zu machen, wollte man diesen Aufsatz lesen und ›zensieren‹, als ob es sich um eine gültige Prüfungsleistung handle. Nicht zensiert.« Hans Mayer war, nach dem Klausur-Eklat, ganz sicher verärgert; der Inhalt dieser entzifferbaren Schriftstellerkongreß-Klausur mag zur Ablehnung der Heine-Klausur als nicht-entzifferbarer beigetragen haben. Die Klausur war natürlich, formal gesehen, ungültig. Doch Uwe Johnson, ganz überzeugt, den »Bedingungen der Klausur« wie dem zu behandelnden Thema »ehrlich« entsprochen zu haben (was, so gesehen, ja auch richtig war), lehnte eine Wiederholung erst einmal ab und verreiste nach Ahrenshoop an die Ostsee. Dort, auf dem wunderschönen Fischland mit seinem Doppel-Blick auf Bodden und Ostsee, wurde die dritte Fassung der *Babendererde* in die Maschine geschrieben. Es sah jetzt ganz nach einem katastrophalen Abbruch der Studienkarriere des Uwe Johnson aus; doch es kam anders. Gleich drei Frauen wurden für den jungen Dichter tätig. Die Leipziger Freundin Ella Löber hatte ihm Ferienunterkunft in ihrer Ahrenshooper Heimat geboten. In Leipzig stand währenddessen der »Fall Johnson« weiterhin zur Lösung an und dies, so Uwe Johnson selbst in *Einer meiner Lehrer*:

> bewog zwei Mädchen dazu, einen halben Nachmittag unter ihren Sachen zu prüfen, was denn nun chic genug wäre für einen Besuch bei Prof. Dr. Mayer und die Bitte, mich dennoch zu prüfen. Ich konnte es nicht verhindern. Er soll sich verblüfft gezeigt haben.

Die »zwei Mädchen« waren Elisabeth Schmidt, Freundin, Vertraute und spätere Frau Uwe Johnsons; und die Tochter des Leipziger Dekans, Christine Martin. Der Student hatte letztere im Hörsaal 40 kennengelernt und sich einige Male mit ihr getroffen, hatte ihr auch die Parabel *Jonas zum Beispiel* vorgelesen. Die Tochter des Dekans hatte einige abendliche Telefonate ihres Vaters mit Hans Mayer anläßlich der Schriftstellerkongreß-Klausur miterlebt; die Sache hatte Kreise gezogen. (Uwe Johnson selbst sprach, in möglicherweise akzentuierter Darstellung, gegenüber seiner Rostocker Germanistik-Lehrerin Hildegard Emmel davon, daß die Klausur vom Institut der Volkspolizei übergeben werden sollte. Die dürfte, wenn dies der Fall war, freilich ihre Schwierigkeiten gehabt haben mit diesem stilistisch ja recht aparten Stück Literatur.) Wie auch immer: der Trotz des Absolventen legte sich ebenso wie der Ärger des Prüfers; nach ca. 3 Wochen Sommerferien machten Johnsons Einsicht und Hans Mayers Entgegenkommen eine Neuauflage der Prüfung möglich. Wiederum in den *Begleitumständen* lesen wir:

> Hier gab er klein bei vor dem, was ihm angeraten wurde als »Vernunft«. Er schrieb noch einmal eine Arbeit in Klausur; die Prüfung wurde fortgesetzt und für »gut« bestanden erklärt in allen vier Fächern: Deutsch, Sowjetliteratur, Russische Sprache und Gesellschaftswissenschaftliches Grundstudium. Hier hatte jemand sich gehalten an die Einsicht: wollte er bleiben in diesem Lande, brauchte er den Zettel.

Der »Zettel« würde ihm, der noch 3 Jahre im Lande bleiben sollte, gegen »Paule« Fröhlichs Verfolgungen, im beendeten »Tauwetter« des Spätherbsts 1956, dann gar nichts nützen. Dennoch war das ganze nicht »Love's Labour's Lost« gewesen; auf diese Weise kamen Johnsons *Arbeiten zu Hebbel und Brecht* zustande. Am 6. Juli stellte Hans Mayer ihm die neuen Themen: »Als Klausurthemen zur Neueren Deutschen Literatur stehen zur Wahl: 1). Der Streit um die ›Episcolae obscurorum virorum‹. 2). *Maria Magdalena: Theorie und Praxis der Hebbel-Dramatik.* 3). Hugo von Hofmannsthals geistige Entwicklung.« Diese Themenstellung war weder Strafe noch Bevorzugung: sie war schlicht fair. Durch Kreuz am Rande markierte Johnson seine Entscheidung für das Hebbel-Thema, über das er, wiederum in Druckbuchstaben, am 9. 7. von 9.00 bis um 12.00 Uhr, seine Wiederholungsklausur schrieb. Diese Arbeit ist streng aufs Thema bezogen, gekennzeichnet durch elegante, auch ein klein wenig hochmütige Beiläufigkeit literaturgeschichtlichen Bescheidwissens; bedient sich folgerichtig keinerlei literaturwissenschaftlicher Seminarsprache. Uwe Johnson, der übrigens später in Westberlin ganz intensiven Umgang mit dem genialen Trauerspiel-Theoretiker Peter Szondi pflegen wird, stellt Hebbels Trauerspiel in eine Entwicklungslinie und interpretiert es ideologie-kritisch, indem er den plot des Stückes so nacherzählt, daß dieses seine Bedeutung zwanglos, wie von selbst offenbart. Hebbel wird ihm zum hervorragenden Vertreter des Realismus auf der Bühne, abgesetzt gegen die idealisierende Klassik, auf seine Art ein ganz geschichtsträchtiger Autor der versuchten Zeitenwende in Deutschland um 1848. Hans Mayer hatte schließlich über Hebbel gelehrt und dann (im *Unglücklichen Bewußtsein*) geschrieben:

> Das sind Gedanken am Abend einer Revolution und am Morgen einer neuen Restauration, die allenthalben in Fragezeichen ausmünden, obwohl Hebbel die Zeichen nicht setzt. Er schreibt für die »Wiener Reichszeitung«. Dann aber folgt eine klare, keineswegs mehr als Frage sich präsentierende Aussage: »Denn die Welt hat den alten Schwerpunkt verloren und den neuen noch nicht wiedergefunden, darum sind wir noch lange nicht über die Übergangsperiode hinaus ...« Was hier scheinbar in der unverbindlichen Form des Feuilletons ausgespro-

Ein Schreibort: Das Haus von Manfred Bierwischs Vater in Leipzig-Sesenheim

chen wird, enthält gleichzeitig die geistige Konstellation der Tragödie »Gyges und sein Ring«. Übrigens auch der »Agnes Bernauer« von 1851, die Hebbel im Untertitel als »Ein deutsches Trauerspiel« definiert hatte. In der »Agnes Bernauer« waren die Positionen von Revolution und Restauration gegeneinander gestellt worden, einer Handlung, die zeitlich genau fixiert worden war »zwischen 1420 und 1430«. Bürgerliche Emanzipation und Staatsraison. Individuelles Glück und etablierte Ordnung standen in dieser Dramaturgie gegeneinander.

Wie vor ihm Thomas Otway, schrieb auch Johnsons Friedrich Hebbel Restaurations-Dramatik bei untergründigem Festhalten wenn schon nicht an bürgerlichen Klasseninteressen, dann doch am unerbittlich-realistischen Erkenntnis-Pathos des »So, so ist es«. »Das ist ein anderes ›So, so ist es‹, es ist das der deutschen Situation von 1840, ein unveränderliches« – so lautet Johnsons Formulierung in der Klausur. Von daher macht es Sinn und stellt (das hatte auch Hans Mayer getan) Hebbel in die Nachfolge des großen Realisten

Büchner hinein, daß Johnson ihn zunächst einmal gegen Schillers Idealismus absetzte, wie der Klassiker ihn in seiner Kritik des Bürgerschen »Realismus« (Rezension der Gedichte Gottfried August Bürgers) entfaltet hatte. Uwe Johnson hatte diese gelesen und zitierte sie indirekt. Hier fand er übrigens Schillers Modernitäts-Theorie vor, bezogen auf die Entwicklung der modernen bürgerlichen Gesellschaft, die den »ganzen Menschen« zunehmend unmöglich mache und die dann wichtig werden wird für die *Mutmassungen*, wo Schiller direkt zitiert werden wird. In der Bürger-Rezension heißt es, wobei die Hervorhebung sich so bereits bei Schiller findet:

> Vielmehr ließe sich auch in unsern so unpoetischen Tagen, wie für die Dichtkunst überhaupt, also auch für die lyrische, eine sehr würdige Bestimmung entdecken; es ließe sich vielleicht dartun, daß, wenn sie von einer Seite höhern Geistesbeschäftigungen nachstehen muß, sie von einer andern nur desto weniger geworden ist. Bei der Vereinzelung und getrennten Wirksamkeit unsrer Geisteskräfte, die der erweiterte Kreis des Wissens und die Absonderung der Berufsgeschäfte notwendig macht, ist es die Dichtkunst beinahe allein, welche die getrennten Kräfte der Seele wieder in Vereinigung bringt, welche Kopf und Herz, Scharfsinn und Witz, Vernunft und Einbildungskraft in harmonischem Bunde beschäftigt, welche gleichsam den *ganzen Menschen* in uns wieder herstellt.

Das sind Gedanken, die auch der frühe Marx aufnehmen wird; sie kehren an zentraler Stelle in Johnsons ersten beiden Romanen wieder, wo in der Personenkonstellation jeweils der (vereinzelte) »Theoretiker« (Petersen, Blach) gegen den bewunderten, kommunikativen »Praktiker« (Klaus, Jakob) steht. Von da an gelangt Johnson zur Auseinandersetzung mit dem als Thema gestellten »Drama von der unschuldigen Selbstmörderin« selbst. Der Student versteht das Stück als eines der Zeitenwende und zielt auf den Aufweis der Instrumentalisierbarkeit von Moral als (notwendiger) Folge vorangetriebener Rationalität in der bürgerlichen Gesellschaft – auch dies von Schiller ausgehende Gedanken, gegen dessen eigenes Idealismus-Konzept gewendet. Johnson stellt den Sekretär in den Mittelpunkt seiner Interpretation, so überraschend wie unkonventionell; eben jenen Sekretär, für dessen »Modernität« die überholten, altväterlich-unerschütterlichen Moralbegriffe des Tischlermeisters Anton schon »benutzbar sind als Mittel«. Und hierin beweist er sich wieder: der Blick des an Brecht geschulten potentiellen Dramaturgen, den interessiert, was man von heute aus an dem gestrigen Stück wahrzunehmen vermöchte: »Hier wird sichtbar die Auflösung bürgerlicher Moral, ihr Übergang zu bourgeoisem Vorwand (Scheinheiligkeit)«, so steht es in der Klausur. Uwe Johnson liest Hebbels Trauerspiel gegen den Strich; als vom Autor so gar nicht gewollte, dennoch meisterhaft realisierte szenische Demonstration, daß und wie bürgerliche Moral vom bürgerlichen Karriere- und Wirtschaftsdenken formalisiert, endlich entleert und zur bloßen Waffe im Erfolgskampf denaturiert werden kann. *Maria Magdalena* also als eine Station auf dem Weg zur *Dreigroschenoper*; die Selbstwidersprüche einer zu Ende gehenden Zeit, an deren Ausgang der Tischlermeister die »Welt nicht mehr versteht«. Der Student als Dramaturg, mit der kritischen Aneignung eines »Erbes« befaßt, das weder affirmativ als unantastbar aufgefaßt, noch »linksradikal« als unrettbar reaktionär verworfen werden soll. Uwe Johnson entwickelte eine Strategie für die Aufklärung qua Theater; in fast nonchalanter Bewältigung des Themas; in essayistischer Annäherung, dazu mit einer lapidaren Schlußformel, die aber Hebbels Stück in Begrenzung wie Leistung erfaßte: »Ein menschlicher Untergang, so ungeleugnet seine Anlässe und gesellschaftliche Bedingung bleiben, wird Anlass nur für die Erkenntnis: die Welt sei nicht mehr verständlich.« Um aber verständlich zu machen, warum sie nicht mehr verständlich ist, könnte man Hebbels bürgerliches Trauerspiel so aufführen, wie es Uwe Johnson verständige Klausur nahelegt.

Für die zweite Klausur des zweiten Examensdurchgangs wählte der Absolvent das Thema »Analyse eines Schauspiels von Bertolt Brecht. ›*Der gute Mensch von Sezuan*‹.« Darüber schrieb er seine

Arbeit am 10. Juli 1956 in der Zeit zwischen 9.00 und 11.50 Uhr, gab die Klausur 10 Minuten vor Verstreichen der Maximalzeit ab. Die Themenstellung bezeugt guten Willen und eine gewisse Brechtsche List auf Seiten dessen, der das Thema vorgab: Brecht war zwar ein Vertreter der »Neuesten deutschen Literatur und National-Literatur«, aber einer, an dessen Beispiel beschwerliche Beweisführungen, die eigene »Parteilichkeit« angehend, nicht zu erwarten waren. So konnte man die Erwartungen des »Prüfungsamts« in einem erfüllen und unterlaufen. Andererseits: vor diesem Thema konnte, mußte der Student Uwe Johnson sich beweisen. Brecht fungierte, neben damals schon Faulkner, als sein am meisten verpflichtendes »Vorbild«. Als Johnson seine Klausur über das *Sezuan*-Stück schrieb, war dieses übrigens in der DDR erst ein einziges Mal aufgeführt worden. Und zwar, unter der Regie von Benno Besson, ausgerechnet am Volkstheater Rostock, mit Premiere vom 6. 1. 1956. Ich gehe davon aus, daß Johnson diese Aufführung gesehen hat; sie fiel in die Weihnachtsferien, und er war immer noch bei der Familie Hensan in Rostock zu Hause, mit Übernachtungsmöglichkeiten ganz nach Wunsch und im Besitz einer »Reichsbahn«-Netzkarte.
Das Autowrack, das »im schattigeren Vordergrund« in Johnsons Klausur auf der Bühne steht, stammt wohl als Requisit aus dieser Aufführung und soll auf den Mangel an Sozialgesetzen in den USA verweisen. Und überhaupt betont die Klausur ganz die Notwendigkeit der Einpassung des Stücks (das Brecht, im finnischen Exil, 1941 fertiggestellt hatte) in die aktuellen politischen Zeitläufe. Johnson weist mehrfach auf die Rolle der »Standard Oil« hin (sie wird im Stück selbst gar nicht erwähnt), die in Sezuan zwar nichts zu suchen habe, aber doch eben da sei. Die unvermeidbar sei in ihrer weltumspannenden imperialistischen Rolle als der Welt größtes Erdölindustrieunternehmen, gegründet noch vom mythischen Rockefeller, unter dem sie um 1882 ein Weltmonopol besaß, das dann später mehrfach entflochten wurde. Rockefeller hatte seinerzeit den chinesischen Markt für sein Öl durch die legendär gewordene freie Verteilung von Petroleum-Lampen erobert. Johnson wird den archetypischen Lebensweg (vom Tellerwäscher zum Millionär)

eines solchen Tycoon aus der kapitalistischen Gründerzeit in den USA, exemplarisch (und mit kritisch gebrochener Faszination) dann im *Dritten Buch über Achim* paraphrasieren. Den er dort beschreibt, er ist als Gründer der »Standard Oil« sehr wohl vorstellbar. Auch andere Aufführungen des *Sezuan*-Stücks aus den fünfziger Jahren (so am Mannheimer Nationaltheater) argumentierten im Bühnenbild mit der »Standard Oil«. Weiterhin erwähnt gleich der Klausurbeginn lapidar gewisse »Ereignisse vom siebenten Juni«, weist auf eine Erklärung des damaligen Generalsekretärs der Vereinten Nationen Dag Hammarskjöld und andere aktuelle Ereignisse hin. Gemeint ist damit das folgende: am 7. Juni 1956, dies lag also zum Zeitpunkt der Klausur knapp einen Monat zurück, da hatte »Downingstreet«, also die englische Regierung, angesichts der großen Aktivitäten der anderen westlichen Handelsmächte (Frankreich, Deutschland, die USA, vertreten u. a. durch die großen Ölgesellschaften) auf dem rotchinesischen Markt erklärt, daß man die von Restriktionen geprägte Handelspolitik ändern wolle. Bereits im Januar des gleichen Jahres hatten sich Anthony Eden und Dwight D. Eisenhower dahingehend verständigt; sie reagierten auf die Erkenntnis, daß Großbritannien dabei war, den Kampf um den China-Markt zu verlieren. Schon damals, die »englische Dimension« seines Werks mit den Personifikationen in Cressphal und Gesine war erst im Entstehen begriffen, galt Johnsons besonderes Interesse Großbritannien. Das Empire war dabei, in Johnsons Denken als die antifaschistische Siegermacht des Zweiten Weltkriegs die Sowjetunion abzulösen. Die Briten waren die einzige demokratisch wirklich respektable Siegermacht. Das schloß natürlich wirtschaftsimperialistische Rückfälle dieser Macht und scharfe Kritik von Johnsons Seite nicht aus: die Engländer des Suez-Abenteuers 1956 wird der Text der *Mutmassungen* »verludert« nennen. Doch so, andererseits, kritisiert nur, wer in seiner Zuneigung enttäuscht worden ist.

Derart aktualisierte Johnson Brechts China-Stück. Dabei konnte er sich allerdings einig wissen mit dem Meister Brecht, der im Mai 1939 zu seinem Stück notiert hatte: »Nebenbei muß die Gefahr der

Chinoiserie bekämpft werden. Gedacht ist an eine chinesische Vorstadt mit Zementfabriken und so weiter. Da sind noch Götter und schon Flugzeuge.« Folglich gibt es in Johnsons »Einrichtung« des Stückes auch noch Götter, aber auch bereits den zeitgenössischen Chinahandel des Kalten Kriegs mit schwankenden Börsenkursen und Dividendenberichten. Die »Standard Oil« wird ihm zur modernen ökonomischen Chiffre für den fraglichen Zustand der Welt, den Brechts Götter so beredt beklagen und gegen den sie Beispielfälle suchen. Die »Zementfabrik« aber genügt dem Bearbeiter nicht mehr; an die Stelle des einfachen Fabrikkapitalismus setzt er den Monopolkapitalismus. Johnson verhielt sich damit zu Brechts Stück, wie der Meister selbst sich zu einer Reihe der klassischen Dramen und Balladen verhalten hatte: kritisch-aktualisierend. Und mit den Zitat-Zeilen »Das war auch Mahedeva schon geschehen, bist du müd', ich will dich laben ...« spielt der Student dann auf Goethes Ballade *Der Gott und die Bajadere* an. Diese lakonische Anspielung enthält einen doppelten Verweis, einen philologischen und einen in eigener Sache. Zuerst letzteren: in der *Babendererde* zitiert Klaus Niebuhr, der ja auch Dramaturg werden will, Brechts aktualisierende Paraphrase der Schillerschen *Bürgschaft*. Der dies geschrieben hatte, Uwe Johnson, er kannte natürlich auch Brechts nicht weniger aggressive Paraphrase von Goethes hier zur Rede stehender, ebenfalls klassischer (Schul-)Ballade *Der Gott und die Bajadere*. Dies wiederum birgt einen wichtigen und sehr originellen Verweis Johnsons darauf, daß Brechts Sezuan-Stück eben *auch* als eine episch-dramatische Paraphrase klassischen Bildungsgutes zu verstehen ist: die »Kunst zu erben« wird hier praktiziert. Das Verbindungsglied ist das ganz identische Thema vom Gott, der die irdische Güte und Liebe ausgerechnet im Schoß der Prostitutierten, in ihr ist für die Marxisten die Liebe zur Ware geworden, aufzufinden wünscht. Was Johnson hier sagt, scheint mir literaturwissenschaftlich höchst originell und überzeugend: Brechts Stück als sozialrealistische »Antwort« auf Goethes Liebesidealistik verstanden, mitsamt der Brechtschen Himmelfahrt der Götter am Schluß, die dann ja ihrerseits nichts anderes als eine höhnische Paraphrase der liebenden und rettenden Himmels-Fahrt aus den Flammen darstellt, wie sie der große Weimaraner an den Schluß seiner Ballade gestellt hatte. Indem er dies zweimal anklingen läßt, in vornehm englischer Indirektheit, vertrat der Student Johnson eine völlig eigene und sehr substantielle Deutung des *Sezuan*-Stücks, der ich sonst noch nirgends begegnet bin: das *Sezuan*-Drama als praktizierte kritisch-marxistische Erbaneignung gegenüber der *Mahomed*-Ballade des Olympiers. Am Schluß zitiert Johnson dann gleich zeilenweise aus Goethes Ballade; und ruft damit die Assoziation an Brechts »Nachdichtung« wach, die in der Intention ganz identisch sein soll mit dem *Sezuan*-Stück, und die hier zitiert sei:

O bittrer Argwohn unsrer Mahadöhs
Die Huren möchten in den Freudenhäusern

Wenn sie die vorgeschriebne Wonne äußern
Nicht ehrlich sein. Das wäre aber bös.

Wie schön singt jener, der das alles weiß
Von jener einzigen, um die's ihm leid war

Die für ihn auch zu sterben noch bereit war
Um den von Anfang ausgemachten Preis.

Wie streng er prüfte, ob sie ihn auch liebte!
Ausdrücklich heißt's, er hab ihr Pein bereitet...
Sechs waren schon geprüft, doch erst die siebte

Vergoß die Tränen, als sie ihn verlor!
Doch wie belohnte er sie auch: beneidet
Von allen hob er sie am Schluß zu sich empor!

Daß der exzellente Brecht-Kenner von diesen Zeilen wußte, steht außer Frage. Wie er sie durch kommentarloses Zitieren des Goetheschen Originals herbeiruft und damit ein komplett neues Deutungsmuster des *Sezuan*-Dramas ins Klausur-Spiel bringt, ist so andeutungsweise hochmütig wie entschieden meisterhaft. Gut gehen konnte das natürlich nur, weil sich der Prüfling auf einen entsprechenden Kenntnisstand in Sachen Brecht auf Seiten des Prüfers verlassen konnte; da war »Ossian« bei dem Professor Mayer an den richtigen geraten.

Daneben versteht der Student das Brecht-Stück als eine szenische Versuchsanordnung über die Konsequenzen des Eigentums. Dieses höre bei Brecht auf die Chiffre »Tabakladen« und werde mit Blick auf seine Auswirkungen auf die Menschlichkeit des Menschen durchgespielt. Die Götter fungierten dabei als »Sachverständige«, die den Verlauf des Experiments mehr oder weniger fachgerecht überwachten. »Wie kann man gut sein, wenn man nicht mindestens einen Tabakladen hat? Aber wie kann man gut sein, wenn man sogar einen Tabakladen hat.« Auch der Liebe kommt dabei lediglich der Status eines dramatischen Requisits zu; Brecht will gerade zeigen, daß keine noch so schwärmerisch liebende Innerlichkeit etwas ausrichten kann gegen die gesellschaftlich geforderte Kälte. Einzig daher auch die Richtigkeit des – wiederum lakonisch verkürzten – Hinweises auf Katherine Mansfield und George Bernard Shaw in der Klausur, die beide ja literarische Symbolfiguren für den Versuch waren, im Leben wie in der Literatur die liebesfeindlichen victorianischen Konventionen außer Kurs zu setzen. Nicht darum ginge es bei Brecht, will der Hinweis auf Mansfield und Shaw sagen, den nur versteht, wer, wie der Weltliteratur lehrende Hans Mayer, Weltliteratur auch wirklich überblickte. Andererseits wendete sich Johnson konsequent gegen die Verkürzung des Brecht-Verständnisses in jene Richtung, die in dem Klassiker den »Dramatiker des Proletariats« erblicken wollte. Dieser Funktionärs-Deutung widerspricht er, indem er schreibt: »Man braucht nicht von ›proletarischem Charme‹ zu reden angesichts einer Shen-Te, die ihren Sohn führt unter Bäumen und Vögeln (...)«; dies seien Elemente, »die weniger mit dem Proletariat zu tun haben als mit möglichem und erwünschtem menschlichen Leben, dessen Erfüllung der unproletarische Charme eben leider vorderhand verhindert«. Uwe

Johnson versteht also Brecht im Sinn der Philosophie etwa Ernst Blochs: Brecht nicht zuerst als Dichter einer Klasse, sondern als Anwalt des Humanums, der gesamten Gattung Mensch, die noch immer in ihrer eigenen Vorgeschichte lebe und der Emanzipation aus unmenschlich-kapitalistischen Bedingungen bedürfe. Wie Hans Mayer sich immer geweigert hatte, als sozialistische Literatur nur »proletarische« gelten zu lassen, so verweigert Uwe Johnson hier die Verkürzung der Brechtschen Literatur auf eine sogenannte »Dramatik des Proletariats«. Die Klausur befindet sich im Einklang mit Blochs, Eislers (und Mayers) Theorien zur kritischen Erbaneignung; sie hebt einen Aspekt (Brechts *Sezuan*-Stück im Verhältnis zu Goethes Ballade vom *Gott und der Bajadere*) heraus. Auch hier schrieb weniger ein Student; sondern eher einer, der die Arbeit eines Kollegen (freilich eines älteren und sehr bewunderten) begutachtet, prüft, eigener Sachkennerschaft unterwirft. Die gesellschaftsverändernden Wirkungsmöglichkeiten solches epischen Theaters freilich muß Johnson, der sich später, bezogen auf seine eigene Literatur, in dieser Richtung immer sehr zurückhaltend geäußert hat, im Gegensatz zu seinem Meister Brecht schon damals skeptisch gesehen haben: ganz am Schluß sagt er, das Stück könne »einigem Publikum« die Veränderung der Wirklichkeit nahe legen. »Einigem Publikum«.

Uwe Johnson hatte damit sein Examen bestanden. Was noch folgte, war die *mündliche Prüfung*, Johnson hat sich daran in *Einer meiner Lehrer* erinnert wie folgt:

> Die Prüfung fand sowieso statt und war eine Unterhaltung. Es hätte Cognac geben dürfen, wäre da nicht der Beisitzer gewesen. Es war ein reichlich skeptisches Gespräch aus Vergleichen zwischen einer vorhandenen Theorie der Literatur und der Theorie des sozialistischen Realismus, der Prüfling lehnte sich mitunter bequem zurück und klemmte die Daumen in die Gesässtaschen und sagte: Ach, wissen Sie ... Das Examen wurde später für bestanden erklärt.

Das Examen muß am 23. Juli stattgefunden haben, so steht es in Johnsons Studienbuch, bescheinigt vom »Prodekanat für Studentenangelegenheiten« in Leipzigs Ritterstraße 16. Johnson schloß mit der Gesamtnote »Gut« ab, die in folgende identische Einzelergebnisse zerfiel: Deutsch: gut; Sowjetliteratur: gut; Russische Sprache: gut; Gesellschaftswissenschaftliches Grundstudium: gut. Am 16. August 1956 wurde der Student Uwe Johnson exmatrikuliert und ging hinaus in einen Zustand, den die DDR offiziell nicht kannte: in den der Arbeitslosigkeit.

Die folgenden drei Jahre hielt Uwe Johnson sich mit wissenschaftlicher und belletristischer Gelegenheitsarbeit finanziell über Wasser. Im Rahmen dieser wissenschaftlichen Brotarbeiten entstand auch der *Jean-Paul-Essay*, der am 30. 1. 1959 als Nachwort zu Jean Pauls *Schulmeisterlein Wutz* mit dem Leipziger Reclam Verlag vereinbart worden war. Im Sommer 1954 schon, vom 21. 6. bis zum 24. 10., war Johnson Praktikant im Hause Reclam gewesen. Da mögen sich Verbindungen erhalten haben, zumal auch die Übersetzungen bei Reclam erschienen sind, das *Nibelungenlied* immerhin seit der 8. Auflage 1983 auch wieder unter dem Namen Johnson. Bei seinem Jean Paul-Nachwort handelt sich um die umfangreichste und reifste literaturwissenschaftliche Arbeit aus Johnsons Feder, und sie war für die Veröffentlichung geschrieben, im Gegensatz zu den Verlagsgutachten. Deshalb behandle ich sie hier gesondert. Der Leipziger Reclam-Verlag hatte zunächst, unter dem 11. 8. 1959, inhaltliche Korrekturen gewünscht; die wiederum Johnson, wenn überhaupt, nur sehr bedingt zu liefern willig gewesen wäre. Nachdem Uwe Johnson dann am 10. Juli »in den Westen eingegangen« war, lehnte Reclam im Januar 1960 endgültig den Druck des Nachworts ab. Jean Pauls Roman erschien ohne Johnsons Essay, was, Johnsons hier abgedruckte Jean Paul-Arbeit beweist es, sehr zu bedauern war. Johnsons Text geht, übrigens bei »normaler« Kommasetzung, sein Thema biographisch an und versucht seinen Gegenstand aus dessen Jugend: Elternhaus, Schule, Milieu und Denkungsweise der Zeit, zu verstehen.

Insgesamt begreift er Jean Paul als Gegen-Klassiker und arbeitet sehr sensibel heraus, daß, im Gegensatz zu den Weimaraner Olympiern, Jean Paul, darin seinerseits Herders Geschichtsdenken folgend, die Griechen eben nicht normativ, sondern als selbst geschichtlich Vermittelte angesehen habe. Deutlich scheint auch, daß Johnson, der Autor des Schulromans *Ingrid Babendererde*, sich zu Jean Paul als dem – wenn man so will: frühesten – Verfasser von Schulromanen in Deutschland hingezogen fühlte. Man kann in Jean Paul, wiederum Hans Mayer hat im *Unglücklichen Bewußtsein* darauf hingewiesen, einen Vorläufer des Wilhelminischen Schulromans der Brüder Mann sehen, in deren Tradition sich Uwe Johnson selbst mit seiner Schriftstellerkongreß-Klausur hineingestellt hatte. Die »deutsche Misere« und ihr genauer Zusammenhang mit sozialer Lage und Bewußtsein des Schulmeister-Standes in Deutschland – »Pius« Siebmann und seine Brüder, Rektor Fälbel oder Anatomieprofessor Katzenberger, das war dem Nachwort-Schreiber Johnson Stoff vom Stoff des eigenen Schreibens. In der *Neuen Deutschen Literatur* vom September 1955 hatte der Student, im Aufsatz von Kurt Böttcher über *Das Bild des deutschen Lehrers in Literatur und Wirklichkeit,* gelesen:

> Einen Dichter gibt es in der deutschen Literatur, der sich wie kein anderer pädagogischen Problemen zugewandt hat: Jean Paul. Seine Werke sind voller Lehrergestalten (Fälbel, Wuz, Quintus Fixlein, Dahore, Fibel, Seemaus und andere), seine Muse sucht oft unmittelbar die Schulstube auf. Jean Pauls Parole hieß: »Wer über Pädagogik schreibt, schreibt über alles«, und so entstand eine Vielzahl von pädagogischen Romanen, Erzählungen, Satiren und Idyllen, an deren Ende die Darstellung eines ganzen pädagogischen Systems, eine Anklage zugleich der erbärmlichen Lage der Lehrer steht (»Levana oder Erziehlehre«). Jean Pauls Schulmeistergestalten besitzen ihre tiefe Lebenskraft in der phantasievollen, gemüthaften Herzlichkeit, in der vom Ideal der Humanität getragenen volksverbundenen Gesinnung.

Wie sein Lehrer Mayer las Johnson am fragwürdigen Nachruhm Jean Pauls die Fragwürdigkeit der deutschen Zustände und der Literaturwissenschaft in Deutschland ab. Ferner stellt sein Essay eine genaue Vertrautheit mit der Weimarer Klassik und darüber hinaus mit den Fraktionen und ihren Publikationsorganen am »Musenhof« unter Beweis. Und nicht zuletzt spiegelt sich in Johnsons Interesse an Jean Paul ein Reflex eigener literarischer Produktion: das Interesse am »ganzen Menschen«, gegen die moderne Entwicklung hin zu bloßer »Einkräftigkeit« gesetzt, was Jean Paul im *Titan* thematisiert hatte und was Johnson in den *Mutmassungen* ebenfalls aufgriff. Hier stehen dann Jakob und Jonas als Teile der ehemals ganzen Menschheit gegeneinander; über Jean Pauls Technik der Personenkonstellation hat Hans Mayer im *Unglücklichen Bewußtsein* geschrieben:

> Natürlich mußte sich Robert Schumann einem Dichter verwandt fühlen, der immer wieder die gegensätzlichen Elemente und Momente seines Charakters als verwandt-verfeindete Gestalten in den Romanen gegeneinander gestellt hatte, wie die Brüder Walt und Vult in den »Flegeljahren« oder Siebenkäs und Leibgeber, um nur diese zu nennen. Es war das gleiche Verfahren, dessen sich der Musiker Schumann bald darauf bedienen sollte, um die eigene Natur in die entgegengesetzten musikalischen Charaktere eines Florestan und Eusebius zu zerlegen.

Johnson wiederum liebte romantische Klaviermusik und insbesondere Franz Schuberts *Der Tod und das Mädchen.* Und was er am Ende seines Essays über Jean Pauls Jugend als dessen eigentlicher »Heimat« geschrieben hat, es reiht sich in die stilistisch schönsten Prosa-Passagen seines gesamten Werks ein und liest sich geradezu als eine Variation über Ernst Blochs berühmte Abschluß-Sätze aus dem *Prinzip Hoffnung* über jene Heimat, die »allein in die Jugend scheint und worin noch niemand war«. Jean Pauls Kindheits-Rückerinnerung und daraus resultierende idyllische Innerlichkeit, wo wäre sie adäquater, sensibler erfaßt und kompetenter in ihren sozialgeschichtlichen Kontext hineingestellt als in den Sätzen, die den Jean-Paul-Essay beschließen: »Die Kunst, in allem das Glück zu finden, ist beschränkt auf die Persönlichkeit, das macht sie verschroben und kehrt sie nach innen; aber sie füllt ihre Grenzen aus mit einer Stärke und Reinheit des Lebensgefühls, um dessen bürgerliche Wirksamkeit Deutschland betrogen war.« Diese Zeilen zu drucken hat der Leipziger Reclam-Verlag sich entgehen lassen, nur weil ihr Autor inzwischen im Westteil Berlins gemeldet war. Und schließlich der weltbefahrene Innerlichkeits-Dichter Johnson selbst als eine Art Jean Paul des 20. Jahrhunderts: Peter von Matt hat in *Liebesverrat* Johnsons *Skizze eines Verunglückten* einer subtilen Interpretation unterzogen. Hat darin die Handschrift eines Idyllenschreibers im 20. Jahrhundert erkannt und belegt mit dem folgenden Zitat aus der *Skizze,* das wir auch hier wiedergeben wollen:

> »Wenn wir hingegen alt sind: du etwas dicker und ich mit längeren Falten, wollen wir allerdings leben daß wir uns rächen an diesen Betten wie sie in ihrer Breite ein Zimmer ganz bewohnen und mir gegenwärtig noch kommen dürfen als Katafalk und Schaustück unter Baldachin mit kein Mal weniger als zwei Kopfkissen auf der unermeßlichen Fläche [...].
> Solche werden wir aufstellen in einem Haus, das in New York den Central Park und den Hudson in einem überblickt vom fünfzehnten Stockwerk, und vom Fahrstuhl an soll ein leinenes Dach den Regen vom Bürgersteig halten wo du gehst und ein Kerl in der Uniform versunkener Fürstentümer soll immer die Mütze abnehmen und sagen welcher Wochentag es ist. [...]
> Oder wir verlegen alles in eine von diesen neuenglischen Gegenden im Frühling wo in weiten Bogenschwüngen ausgebreitet zwischen all dem grünen und braunroten Laub weiße Häuser zierlich stehen, sind aus Holz und erinnern dich an etwas das schien auch so alt und bürgerlich; in einem kommt das Wasser in sehr bequemen Wärmeunterschieden aus der Wand und läuft heizend rundum und jagt als Eis die Butter wie den

> Gin in kühlen Schreck und draußen sitzt es als Schwimmbad im weich rasierten Rasen umgeben von altrömisch verwitterten Steinbänken und Figuren und ist von der Terrasse aus zu sehen als ein See in jahreszeitlich wechselnden Sandbänken verschwimmend nun immer so weiter ...«

Das ist, natürlich, Weltliteratur, aber eine mit spezifisch deutschen Traditionen. Den Jean-Paul-Essay lesend, wissen wir, wie sehr Johnson in der deutschen Tradition des Idylle-Schreibens steht; die *Skizze* und die *Jahrestage* lesend lernen wir, wie sehr er diese Tradition ins Welterfüllte, Weltumgreifende ausgeweitet hat. Er war ein Riese, aber kein grober; kam aus Mecklenburg und brachte New York in seine Erfahrung wie sonst kein anderer nicht-amerikanischer Autor. Das Großstadtepos *Jahrestage* hört auch auf die Formel: Jean Paul im New York des 20. Jahrhunderts. Wie nachhaltig Uwe Johnsons Begegnung mit Jean Paul ausgefallen war, kann man daran ablesen, daß er seine Formel für das Wesen des Romans, er hat sie 1973 auf Englisch vor italienischem Publikum zum ersten Mal ausgesprochen, durchaus der des Jean Paul angeglichen hat. Bei dem Mecklenburger heißt es: »What is it, then, that a novel bring about? It is an offer to you. You are presented with a version of reality. It is not a miniature of society, and it is not a model. Indeed it is not a mirror or reflection of the world; just a world of its own.« Hier widerspricht einer, so scheint es mir, immer noch mit dem Gegenklassiker Jean Paul der allzusehr auf die Klassiker fixierten Ästhetik des Georg Lukács. In der berühmten *Vorschule der Ästhetik,* in »Über den Roman« hat Jean Paul geschrieben: »Ein Mensch, der ein Urteil über die Welt ausspricht, gibt uns seine Welt, die verkleinerte, abgerissene Welt, statt der lebendigen ausgedehnten.« Aus dem Blickwinkel eines Vergleichs mit Jean Paul wäre der Humorist, der Johnson vor allem in den *Jahrestagen* auch ist, überhaupt erst zu entdecken. Die Grundthese Johnsons in seinem Essay, aktuell mit Blick auf sein eigenes Werk, ist also keine andere als die, daß Deutschland aufgrund der fehlenden bürgerlichen Revolution um die progressive Verwirklichung seiner einzigartigen

Gemütskultur betrogen worden sei. Auch dies eine deutsche Tragödie, und Jean Paul sicher ihr bester, ausdrucksstärkster Zeuge – und eine, die ihrerseits ein Satyrspiel nach sich zog. Denn der Verlag wünschte, Lukács' Konzept ließ grüßen, eine Abschwächung der Gegensätze zwischen der Weimarer Klassik und Jean Paul. Und außerdem fühlte man sich (mit Recht) im Staate Walter Ulbrichts, und da vor allem in dessen engeren Heimat Leipzig, von Johnsons Kritik der deutschen Kleinbürgerei mitbetroffen. Man wünschte also auch hier Änderungen, aus streng wissenschaftlichen Gründen. Darauf hat Uwe Johnson, mit Brief vom 27. 12. 1959 und da schon aus dem Westen Berlins, geantwortet wie folgt:

> Schliesslich liegt bei der Erwähnung des parasitären Kleinbürgertums von heute der Gedanke an das ›Kleinbürgertum in der DDR?‹ (11.25) nicht eigentlich nahe, da Jean Paul gegen die Kleinbürger überhaupt verteidigt werden soll und nicht besonders gegen die in der DDR, die den anderen gleichen. Ist die Anmerkung aber als Frage gemeint, so müsste eine Antwort doch der Auffassung der Partei am ehesten zustimmen: dass nämlich in der DDR die Ideologie des Kleinbürgertums die Beseitigung seiner ökonomischen Voraussetzungen überdauert hat; es ist undenkbar dass Walter Ulbrichts Zehn Gebote der sozialistischen Moral nur an Menschen gerichtet sein sollten, die ohnehin danach leben.

Oder auch: »Pius« Siebmann als Nachbar und Nachfahr von Rektor Fälbel. Das war, was zu diesem Thema noch zu sagen war; auch dies kritische Erbeaneignung, eine Applikation dessen auf die »Demokratische Republik«, was Johnson an Jean Pauls Romanen und deren Menschen begriffen hatte mit Blick auf das Fortdauern der deutschen Misere.

Die Abteilung Prosaskizzen enthält eine Anzahl meist kurzer Texte, die einen Blick in Uwe Johnsons Schreibwerkstatt gestatten. Die Texte fanden sich (bis auf den Brief an seinen ehemaligen Deutsch- und Musiklehrer Hoppenrath) in Johnsons Sheerness-Nachlaß. Zur *Schiller-Parodie* scheinen einige Erläuterungen am Platz. Uwe Johnson hatte diesen Text 1957 für den Rostocker Anglisten Wilhelm Vietinghoff geschrieben – in Druckbuchstaben, übrigens. Dies war eine Art von Hommage an den Mann gewesen, der den Studenten in Rostock im Englischen unterrichtet hatte. Anglistik als Fach bestand in Rostock nur bis 1952. Vietinghoff unterrichtete danach weiter im Rahmen des Germanistischen Instituts. Er hatte sein Englisch wesentlich als Prisoner of war in den USA erworben und bestritt seinen Unterricht, unter anderem, mit Hemingways Romanen *To Whom The Bell Tolls* und, vor allem, mit *A Farewell To Arms*. Dies galt für den Unterricht des Herbstsemesters 1953. In diesem Zusammenhang stieß Johnson auch, vermutlich früheste Begegnung, auf Faulkners *The Unvanquished* und auf Romane von Don Passos und Steinbeck. Dies gibt den Hintergrund ab für Johnsons Schiller-Parodie als einen Dank an Vietinghoff.

Der hier am Anfang abgedruckte Text »*Beschreibung Gabrieles*« ist zugleich der gewichtigste, und das keineswegs nur, weil er auch der umfangreichste ist. Der Titel stammt vom Herausgeber.

Handschrift und Wortwahl, ebenso das Thema selbst legen nahe, daß es sich hierbei um den frühesten literarischen Text überhaupt handelt, den wir aus Johnsons Feder kennen. Ich datiere ihn auf 1952, also mit dem angehenden Studenten bzw. Abiturienten Johnson als Autor. Vom Sujet her ist es der Text einer Schülerliebe. Von der Erzähl-Form aber gehört die Erzählung bereits dem »reifen« Johnson an: es handelt sich nämlich um die »Beschreibung einer photographischen Beschreibung«, um eine Bildbeschreibung also, die, ja doch, an die Usancen des »nouveau roman« erinnert, der damals noch gar nicht existierte. Ein Text also, der sich zwischen den Medien bewegt (Johnson hatte schon als Schüler regelmäßig und mit Interesse photographiert). Bereits hier scheinen Überlegungen zu Literatur und Photographie vorgebildet. Darin komplettiert »Beschreibung Gabrieles«, wie die späteren Verlagsgutachten, unser Wissen um Johnsons schriftstellerischen Werdegang; und das literarische Gewicht dieser Seiten erweist sich als sehr beachtlich, wenn man bedenkt, daß sie die für Johnson typische »Rondo«-Form aufweisen, bei der es der Katze gelingt, den eigenen Schwanz zu fangen. Und schließlich bewegt dieser früheste aller Texte sich im Zentrum von Uwe Johnsons ureigenster Thematik: fragt er doch implizit danach, wie sich das Bild eines Menschen im Gedächtnis eines anderen erhält; welchen Verzerrungen es durch mediale Besonderheiten, Vergehen der Zeit, Stimmung des Erinnernden etc. ausgesetzt ist. Bereits der Schüler schrieb in diesem genauen Sinn Erinnerungs-Prosa, ein frühreifer Proust in Güstrow. Schon der Abiturient lebte im bestimmenden Bewußtsein von vergehender Zeit; nicht erst der Verfasser der *Mutmassungen* sah in der Literatur auch ein Medium zur »Verlebendigung« der auf die photographische Platte gebannten Objekte, die Subjekt nur solange waren, bis die Photographie sie erfaßte und zu Objekten machte. Darin ist »Beschreibung Gabrieles« ein früher Vorläufer der beiden erstveröffentlichten Romane Johnsons, zudem einer, der noch den spröden Charme Thomas Mannscher Schülerliebe (die Wichtigkeit des *Tonio Kröger* für die Personenkonstellation der *Babendererde* und der *Mutmassungen*!) atmet. Daß hier Selbsterlebtes nachzittert, scheint mir evident, was nicht heißt, daß ich eine Schülerliebe Johnsons wüßte, die auf den Namen Gabriele hörte. Doch der Schüler Johnson war einer Ingrid nachgegangen, die ihrerseits einen Hans-Joachim Petersen liebte, dessen Biographie ziemlich genau als die des Pius Pagenkopf im Abschlußband der *Jahrestage* nachzulesen ist; dort bildet Pius der Flieger mit Gesine ein Paar und darf sich am gleichen Handtuch abtrocknen. Dies alles sind Lebens-Variationen eines Stoffes, der nie ausgeht und der in der Literatur auf den Namen *Tonio Kröger* hört; Johnson hat dessen Prägekraft in den *Begleitumständen* eindringlich beschrieben.

Der nächste Text läßt sich ganz genau datieren: auf den 6. 10.

1954. Dieses *Schreiben an Kurt Hoppenrath* (Titelgebung vom Herausgeber) trägt ein wenig die Spuren eines Studentenulks an sich darin, daß es, mit echtem Stempelaufdruck, Johnsons Aufenthalt in der »Psychiatrischen und Nervenklinik« der schönen Stadt Rostock glaubhaft versichert. Es war in Druckbuchstaben und sehr leserlich gehalten. Wird hier abgedruckt, weil es wesentliche Informationen und atmosphärische Details enthält, wie sie, ver-dichtet und natürlich erfunden, dennoch anknüpfend an die Realität der Güstrower John Brinckman-Schule, in die *Babendererde* eingegangen sind. Ein einziges Beispiel: das Lautsprechersystem, wie der Roman es erwähnt, es existierte tatsächlich. Hier liegt ein kleines Denkmal vor, das Uwe Johnson seinem Musik- und Deutschlehrer gesetzt hat. Er war ihm vor allem durch das Chorsingen verbunden, dem der eher unmusikalische Johnson sehnsuchtsvoll anhing (»der Chor war das einzige wahrhafte Kollektiv an dieser Schule«, schreibt er an Hoppenrath). Kurt Hoppenrath war früh über des begabten Schülers literarische Arbeiten informiert und hat später die fehlenden Kommata in den *Mutmassungen* leidenschaftlich mißbilligt. Verblüffend die politische Direktheit dieses Textes, den Johnson kaum der Post der »Demokratischen Republik« zur Beförderung wird anvertraut haben. Die Trauer Johnsons darüber, daß sein Lehrer die Heimat-Landschaft hinter sich lassen mußte, ist schon gebeizt von der Ahnung, daß es ihm eines Tages auch so ergehen wird; die Rückerinnerung an Hoppenraths Bootshaus am Inselsee, hier hat der Schüler seine ersten Texte und möglicherweise auch »Beschreibung Gabrieles« niedergeschrieben, sie mischt sich mit der an Hoppenraths Segelboot, einen »Piraten« in Güstrows Realität, aus dem die »Squit« der *Babendererde* entstehen würde. (Die »Squit« ist freilich eine H-Jolle: und also als Holz-Boot, Segelgerät und, last but not least, als ästhetisches Objekt ungleich anspruchsvoller als ein Pirat.) Endlich mag das Schreiben auch einen praktischen Zweck, eine Gefälligkeit des Schülers für den Lehrerfreund, verfolgt haben: nämlich Johnsons Zeugenschaft für Hoppenraths Status als unbezweifelbar politischen Flüchtling zu Papier zu bringen.

Die restlichen Texte entstammen den Jahren 1957 und 1958. Da ist zunächst, mit Datum vom 15.3.1957, die Skizze *»Fussballspielende Jungen«* (der Titel stammt vom Herausgeber), in Güstrow angesiedelt und wohl auch dort entstanden. Es sind Szenen aus dem Frühjahr, auf der Wiese am Güstrower Wehr, die Nebel führt hohes Wasser, daneben spielen Jungen Fußball. Uwe Johnson hält sich wieder einmal in der engeren Heimat auf, die er schon lange verloren hat, ebenso wie das Jugend-Alter derer, die er beobachtet. Er sieht ihnen zu und merkt, daß sie dort zu Hause sind. Das war er auch einmal. Sie spielen Fußball, was er nie getan hat. Er beobachtet genau, hält fest, was sich ihm darbietet, er gehört nicht mehr dazu. Fremdheit als die Bedingung für genaue Beschreibung, Heimat-Literatur aus Heimatlosigkeit geboren.

Vom 11. November des gleichen Jahrs 1957 stammt die frühe Fassung von *Jonas zum Beispiel*, eine Parabel-Erzählung, die Johnson dann später überarbeitet und 1964 in *Karsch, und andere Prosa* zum Druck gegeben hat. In seinen wesentlichen Zügen, fast identisch, existierte der Text also bereits im Herbst 1957. Johnson hat ihn auch Christine Martin, der Tochter des Leipziger Dekans, vorgelesen; hat ihn an Hans Mayer gegeben, und die hier abgedruckte frühe Fassung war für »Jake«, also für »Jakob« Bierwisch, den engen Freund aus den Leipziger Studientagen, bestimmt. Wer will, kann einen gewissen Einfluß Franz Kafkas in diesem ansonsten an Brecht erinnernden Parabel-Text erblicken; Kafkas Werk war im Leipziger Freundeskreis der Klaus Baumgärtner, Manfred Bierwisch, Uwe Johnson und Eberhard Klemm allerdings ein diskutiertes Thema. Auch mag die Mitteilung nicht uninteressant sein, daß in Thomas Manns *Dr. Faustus* Leipzig als Ninive figuriert. *Jonas* war, und das ist wichtig für das Verständnis der Parabel, vor allem ein Selbstverständigungstext; war nur wenig verschlüsselte Diskussion der Frage, ob man, Prophet einer besseren Gesellschaftsordnung, nun nach Ninive, in den zum Untergang bestimmten Kapitalismus gehen sollte. Oder sollte man lieber bleiben, dem Untergang Ninives zusehen (er war ebenfalls prophezeit) und sich dabei den tausend Plagen der machthabenden Marxpfaffen aussetzen? In jedem Fall, und das ist charakteristisch für Johnson, war dieser Prophet ein Beobachter, sah dem geschichtlichen Geschehen zu, »abseits, entlegen, urteilssüchtig«, wie es dann über den Jonas der *Mutmassungen* heißen wird.

> »Und Jona blieb sitzen im Angesicht der sündigen Stadt Ninive und wartete auf ihren Untergang länger als vierzig mal vierzig Tage? Und Jona ging aus dem Leben in den Tod, der ihm lieber war? Und Jona stand auf und führte ein Leben in Ninive? Wer weiss?«

Was wir wissen, ist, daß die hier abgedruckte frühe Fassung sich von der von Johnson später publizierten lediglich durch die Zeichensetzung unterscheidet und auch durch einige wenige Abweichungen, die aber zu wenige sind, um von einer Tendenz in der Überarbeitung sprechen zu können. Daß die Parabel als Diskussion der Frage, ob man »in den Westen eingehen« solle bzw. müsse, gelesen wurde, das verdeutlicht Hans Mayers Brief vom 21.12.1957, wo es heißt: »übrigens meine ich, daß Jona, wenn man der einschlägigen Forschung trauen soll, doch schließlich in Ninive geblieben ist, vermutlich in der Hoffnung, daß die Stadt auf die Dauer doch noch lernen wird, zwischen rechts und links zu unterscheiden.« Die Stadt würde es nicht lernen, jedenfalls nicht vor 1989; und Johnsons Entschluß, Leipzig und die »Demokratische Republik« am Ende doch zu verlassen, würde sich im Laufe der folgenden zwei Jahre verfestigen.

Über die ebenfalls im Herbst 1957 entstandene *»Tell«-Parodie* als eine Gabe Johnsons an seinen vormaligen Englisch-Dozenten Vietinghoff wurde bereits eingangs geschrieben. Auch dieser Text gehört dem Humoristen Johnson zu und lebt wesentlich und überzeugend vom Zusammenstoß des Schillerschen Pathos mit Hemingwayschem Sarkasmus, wie ihn Johnson mit Genuß und Kenntnis in Szene setzt. Am Rande opponierte diese Parodie auch gegen den autokratischen Herrschaftsstil in der »Demokratischen Republik«; der ihn schrieb, erwies sich als nicht bereit, den Hut Gesslers zu grüßen, und also auch als ohne jede Chance auf feste Anstellung. Die gleiche Haltung spricht aus der Skizze *»Der Wahlgang«* (der Titel stammt vom Herausgeber), im Leipzig des Jahres 1957 entstanden. Uwe Johnson zeigt sich hier als sarkastisch-scharfer Registrator der manipulativen »sozialistischen Wahlen«, mit viel Sinn für die atmosphärischen Einzelheiten dieser Ritual-Veranstaltungen. Einige Passagen im *Dritten Buch* werden an diese Skizze anknüpfen. Authentisch erscheint die Widergabe des sächsischen Dialekts, dieser, wie es in den *Mutmassungen* heißen wird, »unklar singenden südlichen Redeweise«. Das Prosastück ist von erheblicher Tiefenschärfe der politischen Analyse; gehört, so meine ich, der Entstehungsgeschichte des *Babendererde*-Romans insofern an, als diese Prosaskizze Johnsons »Antwort« auf Einwände des Mitteldeutschen Verlags gegen die »Ingrid«-Skripte darstellt. Das ging folgendermaßen vor sich: Man hatte sich am 26.6.1957 um 14 Uhr in Halle getroffen. Die Herren Bock (Verlagsleitung) und Mehnert erklärten, das Buch könne erstens nicht gedruckt werden, doch sei zweitens der junge Autor ganz außerordentlich begabt. Unter den herrschenden Verhältnissen mußte die Verlagsleitung wohl so entscheiden; Gutachten-Aufträge würden diese Entscheidung abmildern. Im Manuskript werde, so bekam der lange Blonde zu hören, ein einzelner Fall von Intoleranz unzulässig verallgemeinert; die jüngsten Wahlergebnisse hätten aber gezeigt, daß die Massen hinter der politischen Führung stünden, und also habe der Autor das moralische Gewicht der von ihm dargestellten Vorgänge übertrieben. Johnsons Skizze stellt klar, was es mit dem Schulterschluß zwischen Führung und Massen auf sich hatte. Sie lebt vom Lakonismus der be-deutenden Zusammenstellung; so, wenn der Wähler den Plakattext liest: »Du hast die Wahl« und ihm gleichzeitig der sächselnde »Wahlhelfer« seine Manipulation als Hilfe andient. Auch diese Skizze zeigt die typische Ring-Struktur; kehrt am Schluß zu dem zurück, wovon sie ausging.

Bleibt noch das *»Gerücht vom Zwirn«*, datiert vom 28.5.1958. Sein Titel stammt von Uwe Johnson selbst. Der Text ist sicher im Zuge der Fertigstellung der *Mutmassungen* entstanden. Er übt sich in konsequenter Kleinschreibung; versucht sich bereits im Inneren Monolog, der aber – anders als dann im Jakob-Roman – noch nicht durch Kursivdruck auch optisch abgesetzt erscheint. Doch diese Skizze ist Erzähl-»Geste« von der Erzähl-»Geste« der *Mutmassungen* ganz authentisch darin, daß in ihr der nämliche Vorgang aus vierfach verschiedenem Blickwinkel erzählt wird. Der fehlende Zwirn steht hier an der Stelle des aufzuklärenden Todes Jakobs; wir hören zweiflerische und orthodoxe Mutmaßungen darüber, warum er fehlt. Hier liegt ein Übungsstück, in der nun schon »verfaulknerten« Schreibweise des Autors der *Mutmassungen über Jakob* vor, in Form einer Variation über die sozialistische Mangelwirtschaft und das amtliche Verbot, sie auch nur wahrzunehmen und zu benennen. Der stilistische Duktus ist wiederum der einer Parabel-Erzählung, die eher kafkaesk denn brechtisch anmutet. Wie in den *Mutmassungen* gibt der Innere Monolog auch hier Gelegenheit, den Vertreter sozialistischer Autorität direkt sprechen zu lassen: der Autor hat sozusagen keine Verantwortung für das, was dieser sagt. Die Frau, der der Engpaß beim Zwirn widerfährt und deren briefliche Erwähnung des bloßen Faktums ihr den Volkspolizisten ins Haus bringt, sie arbeitet wie Johnsons Mutter auf dem Güterbahnhof der Reichsbahn und trägt deren Uniform. Niedergeschrieben wurde der Text in Güstrow. Die Sicht der Dinge durch die Frau hat Uwe Johnson doppelt aufgeschrieben und die abweichende Variante ihres Inneren Monologs wird hier ebenfalls abgedruckt, als »Variation zum Gerücht vom Zwirn«. Interessant erscheint dabei, daß der erste »Zwirn«-Text sich noch in konsequenter Kleinschreibung übt. Darin wirkt er »experimentell« und verrät den Einfluß von Wolfgang Weyrauchs *bericht an die regierung*, den Johnson anerkennend rezensiert hatte (die Rezension findet sich im Band 4 der Schriften des Johnson-Archivs). Das ändert sich in der »Variation«; hier wie dann in den *Mutmassungen* schreibt Johnson die Substantive wieder groß und vertraut ganz auf die Modernität der erzählerischen Mittel. So entstand perspektivische Prosa, bildete sich eine Modernität des Erzählens heraus, die da schon ganz genau mit Uwe Johnsons Debutroman korrespondierte. Der Erzäh-

Grabstätte von Uwe Johnson auf dem Gemeindefriedhof von Sheppey

ler Johnson war ans Ziel gelangt; im »Gerücht vom Zwirn« hat er präludiert, was ihn, ungleich breiter ausgeführt, mit der Veröffentlichung des Jakob-Romans im Herbst 1959 zum führenden experimentellen Prosaschreiber nicht nur der »Demokratischen Republik«, sondern da schon des ganzen Deutschland machen würde. So ist ein »deutscher Faulkner«, ein Riese des avancierten Erinnerungs-Erzählens aufgetaucht, dessen in der Tat »dunkles« Erzählen niemals ein ungenau-raunendes gewesen ist; das andererseits von lateinischer Klarheit nur so funkelte, ohne freilich dem unentschuldbar naiven Glauben von der umstandslosen Erzählbarkeit der Welt noch verfallen zu sein.

32,– /92

2,– WG 570